CW01370680

Wildes Grün

Diane Dittmer
Anke Schütz
Krisztina Zombori

Wildes Grün

Verführerische
Wildpflanzenrezepte
durch das ganze Jahr

AT Verlag

2. Auflage, 2013

© 2013
AT Verlag, Aarau und München
Lektorat: Kristin Bamberg, München
Fotos: Anke Schütz, www.ankeschuetz.de
Rezepte: Diane Dittmer, www.dianedittmer.de
Styling: Krisztina Zombori, www.krisztinazombori.de
Pflanzenporträts: Diane Dittmer (Seiten 24/25, 104/105, 122/123, 148/149, 162/163), Anke Schütz (Seiten 42/43, 54/55, 86/87, 136/137, 174/175)
Bildaufbereitung: Vogt-Schild Druck, Derendingen
Druck und Bindearbeiten: Offizin Andersen Nexö, Leipzig
Printed in Germany

ISBN 978-3-03800-742-5

www.at-verlag.ch

Inhalt

6	Vorwort
13	Kleine Sammelkunde
15	Einheimische Wildkräuter
22	Bärlauch
40	Zartes Frühlingsgrün
52	Brennnesseln, Brunnenkresse, Löwenzahn
84	Waldmeister
102	Die jungen Wilden
120	Wilde Rosen
134	Holunderblüten
146	Waldheidelbeeren, Melde und ihre Freunde
160	Hagebutten
172	Holunderbeeren
183	Rezeptverzeichnis

Vorwort
von Diane Dittmer

Aufgewachsen mit drei Geschwistern in einem kleinen Ort nahe Hamburg, bin ich seit frühster Kindheit absoluter Frischluftfan und empfinde immer wieder ein tiefes Glücksgefühl, sobald ich draußen in der Natur bin. Meine Eltern bewirtschafteten neben ihrer beruflichen Tätigkeit einen riesigen Garten, von dem wir zu einem guten Teil lebten. Selbst geerntetes Gemüse, Kräuter und Obst standen täglich auf unserem Speiseplan. Fleisch (von Selbstgeschlachtetem) gab es meist nur am Wochenende. Fisch, wenn mein Onkel aus Hamburg kam und uns Fisch mitbrachte. Im Winter schöpften wir aus unserem Kellervorrat an Eingemachtem, eingelagertem Gemüse, Kartoffeln und auch von eingefrorenem Obst und Gemüse. Dieser Vorrat wurde anfänglich noch im Dorfkühlhaus gelagert; erst viel später bekamen wir eine eigene Gefriertruhe.

Unser Haus lag direkt angrenzend an Wiesen, Felder und Wälder. Das eröffnete uns Kindern die Möglichkeit für viele unbeschwerte Abenteuer. Mit meinen Geschwistern und Eltern erlebte ich während unserer Wanderungen durch Wiesen und Wälder eine tiefe Freude an der berauschenden Schönheit der Natur und lernte sie zu achten. Zu diesen Exkursionen wurden stets kleine Körbe für die zu sammelnden Naturschätze mitgenommen.

Im Frühjahr landeten oft Wiesenschaumkraut, Sauerklee, Waldmeister, Beinwell, Gänseblümchen und Co. darin. Im Sommer verbrachten wir ganze Tage mit Heidelbeersammeln im Wald. Zu Hause angekommen gab es dann Berge von Heidelbeerpfannkuchen, bis wir nicht einen Happen mehr essen konnten. Dieses »Fest« endete regelmäßig mit herrlich blau verschmierten Mündern und tiefblauen Zungen. In einem Jahr schaffte es meine Mutter, über neunzig Pfund Heidelbeeren zu sammeln – was für eine Arbeit! Durch die liebevolle Erziehung hin zur Natur, besonders durch meine Mutter, verstärkte sich mein Interesse an der Natur und ihren Gaben.

An vielen Sommertagen halfen wir beim Ernten der Erdbeeren, Himbeeren, Johannisbeeren und Stachelbeeren. Die Kirschen aus den hohen Bäumen ernteten mein Vater und mein Onkel. Aus ihnen wurden dann leckere Marmeladen und Säfte gekocht. Bei uns gab es nie Cola oder Ähnliches. Auch Erbsen wollten geschotet werden, Bohnen geschnippelt, Gurken eingelegt, Zwiebeln und Knoblauch zum Trocknen zu Bündeln aufgehängt werden.

Das war eine Menge Arbeit, aber man erledigte sie immer gemeinsam. Regelmäßig kamen Tante Martha und Tante Anni aus der Stadt und halfen uns mit Elan und Herzlichkeit. Wenn wir Kinder gar keine Lust mehr hatten, durften wir mit den Rädern oder Rollschuhen los zu unseren Freunden ins Dorf – meist Kinder von Bauern. Dann ging es zur Abwechslung mal mit dem Trecker auf die Felder, oder wir durften auf dem Strohwagen mitfahren. Das eine oder andere Mal radelten wir anschließend noch gemeinsam über Feldwege zum Schwimmen.

Im Herbst sammelten wir im Wald Fliederbeeren, Brombeeren und Pilze. Mein Vater war ein wahrer Pilzexperte. Im Garten mussten noch Kartoffeln, Pflaumen und Quitten geerntet werden. Äpfel und Bürgermeisterbirnen wurden bei meinem Onkel auf der Wiese nebenan gepflückt.

Schon als sehr junges Mädchen hatte ich Spaß daran, in der Küche mit allem zu experimentieren, was die Natur und der Garten so hergeben. Meine Familie war immer begeistert davon und ist es noch heute. Auch die großen Töpfe der Mütter meiner Freundinnen blieben nicht von meiner Neugier verschont.

Dadurch beflügelt, hegte ich schon früh den Wunsch, professionell Rezepte zu kreieren, um diese anschließend im Bild festzuhalten und als Text zu Papier zu bringen. Zuerst absolvierte ich die Fachschule für

Ernährung und Hauswirtschaft mit dem Abschluss zur Hauswirtschaftsleiterin. Als sich in einem kleinen Verlag für regionale Sonderhefte und Kochbücher eine Stelle als freie Mitarbeiterin bot, griff ich begeistert zu und legte meine Bewerbung für ein Oecotrophologiestudium in die Schublade. In diesem Verlag bekam ich die Möglichkeit und Freiheit für viel Kreativität. Als er ins Ausland abwanderte, wechselte ich für einige Jahre in die Redaktion einer großen Frauenzeitschrift, zuerst als Redaktionsassistentin, später als Redakteurin. Das war eine ebenfalls wundervolle Zeit mit vielen Experimenten und Erfahrungen. Meine erste Produktion war übrigens »Selbstgemachte Marmelade mit Früchten aus dem Garten«.

Nach der Geburt meiner ersten Tochter (ich habe drei Kinder) entschloss ich mich, ohne große Auszeit wieder freiberuflich zu arbeiten. Heute, nach fast 24 Jahren freiberuflicher Tätigkeit für viele Redaktionen, Verlage, Agenturen und Unternehmen und vier veröffentlichten Kochbüchern, sehe ich meinen Beruf nach wie vor als Berufung.

Einen Schwerpunkt beim Entwickeln von neuen Rezepten lege ich seit je auf das Zusammenspiel von Kräutern und Gewürzen, das Wechselspiel von süß und pikant, Zutaten von unterschiedlicher Konsistenz, von knackig bis knusprig und weich ist immer etwas dabei – das alles ergibt dann das besondere Geschmackserlebnis.

Als absoluten Glücksfall betrachte ich die Begegnung mit Anke Schütz vor einigen Jahren, die ich sofort als eine Seelenvertraute erkannte; von ihr habe ich viel über Wildkräuter gelernt und lerne immer noch. Sie verfügt über ein umfangreiches Wissen und erklärt mir die Heilkraft dieser unglaublich vielfältigen Wildkräuter-Wunderwelt.

Mit Körben voll unterschiedlichster Wildkräuter aus »meinem« Rosengarten (das ist mein Heimatort seit fast 28 Jahren) und aus der Gegend von Buxtehude experimentierte ich meist in Ankes Küche und konnte dann gleich die Bilder bewundern, die sie von meinen Kochergebnissen gemacht hatte. Anschließend genossen wir die Gerichte draußen im Garten an einem Holztisch.

Anke inspirierte mich oft zu neuen Gerichten. Während unserer langen Gespräche zu diesem Projekt – häufig scharf beobachtet von Luzie, ihrer rot getigerten Katze – waren wir immer wieder zutiefst beglückt und dankbar, diese wundervolle Natur vor unserer Haustür zu erleben. Diese spezielle Art des Arbeitens mit Anke und den Wildkräutern ist ein besonderes Erlebnis und eine wunderbare Art, Naturverbundenheit und berufliche Arbeit zu teilen. Ein wahres Geschenk!

Als ebenso wichtige Person, die dieses Projekt so schön hat werden lassen, war Krisztina Zombori mit in unserer Runde. Sie war sofort Feuer und Flamme für dieses Projekt, hat die schönsten Requisiten für uns ausgesucht und wurde nie müde, mir stundenlang zuzuhören, wie die Gerichte aussehen werden, um dann den perfekten Teller, das schönste Glas, die noch nie gesehene Schale, das unglaubliche Besteck aus ihrem Privatfundus, die uralte Auflaufform aus Ungarn, das alte herrliche Leinentuch oder einen ganz ungewöhnlichen Untergrund zu besorgen. Danke dafür, liebe Krisztina!

Diane Dittmer

Vorwort
von Anke Schütz

Von Kindesbeinen an hatte ich eine enge Verbindung zur Natur. Ich wuchs in einem kleinen hessischen Dorf auf, und meine Kindheit verbrachte ich mehr draußen als drinnen. Meine Oma Minna hegte und pflegte einen großen Garten, aus dem sie unsere sechsköpfige Familie versorgte. Und wir Kinder durften ihr oft zur Hand gehen.

Erinnere ich mich an meine Jugend, habe ich Bilder vor Augen wie: Himbeeren vom Strauch naschen, knackige Erbsenschalen aufplatzen lassen, um die köstlichen Früchte direkt mit dem Mund herauszuessen. Ach ja, und der Duft des Kartoffelfeuers im Herbst. Oma mit Kopftuch, Kittelschürze und Gummistiefeln munter in der Erde grabend, mit Pflock und Schnur gerade Linien absteckend, um die Samen fein säuberlich und akkurat in die Erde zu legen.

Meine kulinarischen Kreationen waren zu dieser Zeit Gänseblümchensuppe und Löwenzahn-Sandkuchen. Ich sehe mich eifrig im Garten hantieren: Meine Zöpfe wippten und das Kittelchen wehte, wenn ich zur Ernte auf die Wiese lief, Wasser aus dem Bottich schöpfte und zurück in meine »Outdoorküche« flitzte. Eigentlich hätte ich Köchin werden müssen.

Doch dann entdeckte ich mit etwa vierzehn Jahren die Spiegelreflexkamera meines Vaters, die heute noch existiert und in Ehren gehalten wird. Ich liebte es, durch Feld und Flur zu streifen, um die Strukturen der Maisfelder zu erfassen, den wehenden Wind in den Ästen auf Schwarz-Weiß-Film zu bannen. Im Schullabor lernte ich das Vergrößern meiner Motive. Und mein Taschengeld ging für neue Filmrollen drauf.

Nach dem Abitur führte mich mein Weg über Gießen und Hannover bis nach Hamburg. Hier assistierte ich verschiedenen Fotografen, bis ich endlich eigene Aufträge für Verlage und Agenturen verwirklichen konnte. Mittlerweile arbeite ich in den Bereichen Food und Garten, und manchmal schauen auch Menschen in die Linse. Eine wundervolle Arbeit, für die ich dankbar bin und die mich erfüllt.

Doch etwas fehlte. Nur was? In einem Indianerreservat in Montana in den USA fand ich die Antwort. Ich hatte schlimme Stiche einer äußerst hungrigen Stechmücke davongetragen, mein Arm war dick geschwollen und juckte fürchterlich. Tana, eine Lakota-Indianerin, gab mir ein Kraut, das ich in den Händen verreiben sollte, bis der Saft austrat. Dies sollte ich dann auf die schmerzenden Stellen legen. Welch eine Wohltat! Tana fragte mich, wie das Kraut auf Deutsch heiße. Ich hatte nicht die geringste Ahnung. Zurück in Deutschland versorgte ich mich mit entsprechender Literatur und las, dass es sich um den Spitzwegerich handelte, der mir Kühlung und Hilfe für meine Insektenstiche verschafft hatte. Dieses Aha-Erlebnis entfachte meine alte Leidenschaft aufs Neue. Ich besuchte Kräuter-Workshops, nahm an Kräuter-Spaziergängen teil. Wolf-Dieter Storl wurde zu meinem Lieblingsautor. Da er damals an der Freiburger Heilpflanzenschule dozierte, machte ich dort eine Ausbildung zur Kräuterfachfrau. Die Leitung der Schule hatte schon damals Ursel Bühring, die mit viel Herz ihr Wissen weitergibt. Die Zeit in Freiburg gehört zu meinen schönsten. An meinen fotofreien Tagen sammelte ich Wildkräuter, machte Tinkturen, Salben und kochte wieder Gänseblümchensuppe – diesmal mit zum Verzehr geeigneten Zutaten.

Und dann kam der Tag, an dem ich meine beiden Leidenschaften zusammenbringen konnte. Ich lernte die Food-Stylistin Diane Dittmer kennen. Wir hatten gemeinsame Aufträge, und in den kurzen Gesprächen erzählten wir uns von unserer Kräuterliebe. Diane wurde zur Herzensfreundin und Kräuterschwester, und es dauerte nicht lange, bis wir unsere erste gemeinsame Foodstrecke planten, mit Wildkräutern als Hauptdarsteller.

Für das, was sich da an Aromen auf meiner Zunge entfaltete, fand ich keine Worte. Durch Dianes Kochkünste erlebte ich den Geschmack der Wildkräuter neu. Sie versteht es zu komponieren, mit weiteren Zutaten die Wildkräuter hochleben zu lassen. Sie hat ein fantastisches Gespür dafür, die Kräuter mit ihrem jeweils eigenen Charakter in ein Gericht einzubetten.

In Kräutern und Blüten steckt so viel Nahrhaftes und Gesundes. Zudem sehen Kräuter schön aus. Es gibt zarte und feine Strukturen, grobe, ledrige, kratzige und haarige. Außergewöhnliche, neue Geschmackserlebnisse und die Schönheit der Kräuter warten darauf, entdeckt zu werden.

Das Sammeln braucht allerdings etwas Zeit. Doch es vermittelt zugleich eine große Befriedigung, das Bewusstsein einer sinnvollen Tätigkeit und den Genuss, die eigene Ernte zuzubereiten und zu verspeisen. Die Bedeutung der Nahrung erhält dadurch wieder einen besonderen Stellenwert.

Oberste Regel: Nur die Pflanzen sammeln, die man eindeutig bestimmen kann. Neben der Vielzahl an essbaren Pflanzen gibt es etliche, die ungenießbar oder giftig sind. Zwar hilft ein Bestimmungsbuch, doch Kräuteranfänger sollten sich von kräuterkundigen Menschen führen lassen.

Ich hoffe, dass Sie dieses Kochbuch auch als Bilderbuch verstehen, in dem Sie immer wieder schmökern können.

Mein großer Dank geht an Krisztina Zombori, die schnell für dieses Projekt zu begeistern war. Sie hat sich mit sicherem Gespür und Feinsinn auf das Thema eingelassen und ein wunderbares Styling kreiert, in dem die Ursprünglichkeit der Wildkräuter ein gutes Zuhause fand. Es war mir eine Freude, dies in Bilder umsetzen zu dürfen!

Kleine Sammelkunde

Wo und wie sammeln

- Kräuter kann man an Wiesen-, Wald- und Feldrändern, auf Brachflächen und Grünstreifen sammeln, möglichst abseits von Straßen und von konventioneller Landbewirtschaftung. Meiden sollte man Obstplantagen und Weiden, die nicht nach ökologischen Gesichtspunkten bearbeitet werden.
- Damit sich die Pflanze wieder regenerieren und vermehren kann, erntet man niemals die gesamte Pflanze ab. Auch sollte man nie nur an einer Stelle sammeln, sondern sich immer wieder weiterbewegen, um großflächiger zu sammeln.
- Unbedingt nur Pflanzen ernten, die Sie eindeutig bestimmen können.
- Ernten Sie ausschließlich gesunde und intakte Pflanzen, also Pflanzen, die einwandfrei aussehen.
- Gesetzlich geschützte Pflanzen dürfen nicht gepflückt werden. Informationen hierzu sind zum Beispiel bei der örtlichen Naturschutzbehörde erhältlich.
- Nehmen Sie einen Korb und verschiedene weitere Gefäße mit, um Ihre Ernte in gutem Zustand nach Hause zu bringen. Angefeuchtete Tücher verhindern bei heißem Wetter, dass die Kräuter schnell welken. Eine Schere oder ein Messer ist ebenfalls hilfreich.

Gefahren beim Sammeln

Wer Kräuter sammelt, muss sich des Problems mit dem Fuchsbandwurm bewusst sein: Pflanzen können mit Tierkot in Berührung gekommen sein, der mit den Eiern des Fuchsbandwurms infiziert sein kann. Diese werden nur durch Abkochen oder Trocknen der Pflanzen vernichtet, Waschen oder Einfrieren des Ernteguts genügen nicht, um die Fuchsbandwurmeier unschädlich zu machen. Das Forstamt erteilt Auskunft, ob der Fuchsbandwurm in Ihrem Sammelgebiet vorkommt.

Für den Menschen gefährlich werden kann auch der Große Leberegel. Seine Larven haften an Pflanzen, die dicht unter der Wasseroberfläche wachsen. Besonders anfällig sind Pflanzen in stehenden Gewässern oder in Gewässern mit angrenzenden Viehweiden. Es kann zu schweren Leberschäden kommen, die tödlich enden können. Daher nur an fließenden Gewässern und fern von Viehweiden ernten!

Menschen mit einer Veranlagung zu Allergien sollten ihren Arzt um Rat fragen, da besonders Korbblütler ein allergenes Potenzial haben.

Bestimmte Pflanzenstoffe können bei starker Sonneneinstrahlung eine phototoxische Reaktion der Haut auslösen und zu Reizungen bis hin zu Verbrennungen führen. Dazu gehören einige Doldenblütler wie zum Beispiel die Schafgarbe oder der Bärenklau. Langärmelige Kleidung bietet einen guten Schutz.

Einheimische Wildkräuter

Bärlauch
(Allium ursinum), Liliengewächse
Standort: Feuchte, lichte Laubwälder, Auwälder mit humusreichem Boden. Lässt sich auch gut im heimischen Garten bei passendem Standort anpflanzen, vermehrt sich rasch.
Sammelgut und -zeit: Blätter vor der Blüte im März bis April/Mai. Auch die Blüten sind essbar. Zwiebeln im Sommer und Herbst.
Geschmack: Knoblauchartig.
Achtung: Bärlauch kann mit den Blättern des Maiglöckchens, der Herbstzeitlosen und des Aronstabs verwechselt werden – aber nur die Blätter des Bärlauchs duften beim Zerreiben nach Knoblauch.

Beifuß
(Artemisia vulgaris), Korbblütlergewächse
Standort: Weg- und Gebüschränder, Schuttflächen und Brachland. Beifuß benötigt frische bis feuchte und nährstoffreiche Böden.
Sammelgut und -zeit: Die jungen Triebe vom Frühjahr bis Herbst, die jungen Triebspitzen solange die unscheinbaren Blüten geschlossen sind. Wenn Beifuß abgemäht wird, entstehen wieder neue Triebspitzen.
Geschmack: Die zarten Triebe schmecken nur ganz zart bitter, eher würzig. Der Geschmack erinnert ein wenig an Artischocke, die geschlossenen Blütenstände an Salbei. Erst im getrockneten Zustand sind die Bitterstoffe stärker zu schmecken.

Beifuß zählt zu den ältesten Sakralpflanzen im nördlichen Eurasien: eine Pflanze zur Reise in die Anderswelt, eine Machtpflanze, aus der man zur Sonnenwendzeit Gürtel und Kränze flocht, um sie am Körper zu tragen und als Räucherwerk zu benutzen.
Achtung: Schwangere Frauen sollten den Beifuß vermeiden, ihm wird eine abortive Wirkung nachgesagt.

Beinwell
(Symphytum officinale), Raublattgewächse
Standort: Nasse Wiesen, Wegränder, Gräben, Bachufer.
Sammelgut und -zeit: Junge Triebe und Blätter von April bis August, auch die Blüten sind wohlschmeckend.
Geschmack: Leicht gurkenähnlich, manche sagen auch nach Schwarzwurzeln. Frittiert man die in einen Ausbackteig gehüllten Blätter, entwickelt sich ein feiner an frischen Fisch erinnernder Duft, und der Geschmack ähnelt dem der Seezunge!
Achtung: Die Verwechslung mit dem giftigen Fingerhut lässt sich durch das Zerreiben der Blätter vermeiden: Beinwell riecht deutlich nach Gurke und die Blätter sind rau, ähnlich wie Borretsch, nur größer, länglicher. Die Blätter des Fingerhuts sind eher flauschig und weicher.
Die im Beinwell enthaltenen sogenannten Pyrrolizidinalkaloide sind bei Tierversuchen in Verruf geraten, Krebs zu erzeugen. Den Tieren wurde allerdings eine so hohe Dosis verabreicht, die wir über den normalen Verzehr gar nicht zu uns nehmen können.

Bärlauch	Beifuß	Beinwell
Große Brennnessel	Brunnenkresse	Gänseblümchen
Giersch oder Geißfuß	Gundelrebe, Gundermann	Hagebutte

Große Brennnessel

(Urtica dioica), Kleine Brennnessel (Urtica urens), Brennnesselgewächse
Standort: Nährstoffreiche, stickstoffreiche Böden, daher häufig in der Nähe von Häusern, Gärten, Ställen zu finden, auch an Wald- und Wegrändern, Brachland. Die Brennnessel ist fast weltweit verbreitet.
Sammelgut und -zeit: Junge Triebspitzen, junge Blätter des oberen Drittels der Triebe. Wer regelmäßig mäht, erhält immer wieder junge Blätter und Triebspitzen. Einige Pflanzen sollten aber stehen bleiben, um später auch die Samen zu nutzen: Samen im dunkelgrünen Zustand frisch von der Pflanze naschen oder wie Sesam leicht anrösten und über ein Gericht geben. Brennnesseln sind wichtige Pflanzen für Schmetterlingsraupen.
Geschmack: »Grün«, würzig, fast nussartig.

Brunnenkresse

(Nasturtium officinale), Kreuzblütlergewächse
Standort: Fließende Gewässer und Sümpfe.
Sammelgut und -zeit: Blätter und nicht blühende Triebspitzen von März bis zur Blüte im Mai/Juni und von September bis zum Schnee.
Geschmack: Scharf-würzig, kresseartig.
Achtung: Brunnenkresse nie an stehenden, sondern nur an fließenden Gewässern und fern von Viehweiden ernten.
An den Trieben können sich Larven des Großen Leberegels befinden, die auf den Menschen übertragbar sind. Ernste Leberschäden können die Folge sein, die tödlich sein können. In jedem Fall gut waschen.

Gänseblümchen

(Bellis perennis), Korbblütlergewächse
Standort: Wiesen, Weiden, Parkrasen, Grünflächen, sehr häufig und weit verbreitet.
Sammelgut und -zeit: Junge Blätter und Blüten, fast während des ganzen Jahres.
Geschmack: Mild, leicht nussig, wenig bitter.

Giersch oder Geißfuß

(Aegopodium podagraria), Doldenblütlergewächse
Standort: Gärten, feuchte Gebüsche, Waldränder, Flussufer.
Sammelgut und -zeit: Junge, zarte, glänzende Blätter, fast das ganze Jahr über. Giersch erkennt man gut am rötlich auslaufenden Stängel, der hohl und gerillt ist, und an den dreizählig gefiederten Blättern. Ein gut erkennbares Kraut unter den Doldenblütlern. Beim Zerreiben der Blätter erkennt man auch den Duft des Karottengrüns, nach dem es auch schmeckt.
Geschmack: Genauso köstlich wie Vogelmiere, aber eher würzig. Aromatisch wie der Duft von Karottengrün, auch nach Petersilie schmeckend.
Achtung: Verwechslungsgefahr mit anderen Doldenblütlern, die giftig sind, wie beispielsweise der Hundspetersilie (Aethusa cynapium), dem Gefleckten Schierling (Conium maculatum) und dem Heckenkälberkropf (Chaerophyllum temulum).

Gundelrebe, Gundermann
(Glechoma hederacea), Lippenblütlergewächse
Standort: Feuchte Wiesen, lichte Laub-, Misch- und Auwälder, Gärten.
Sammelgut und -zeit: Junge Blätter und Triebe von April bis Juni, auch zur Blütezeit.
Geschmack: Stark würzig, harzig – es ist eher ein Würzkraut. Beim Zerreiben der Blätter erfährt man den typischen, mit ätherischen Ölen getränkten Duft – und danach schmeckt es auch. Erinnert es an Schaf- oder Ziegenduft.

Hagebutte
(Rosa canina, Heckenrose; Rosa rugosa, Kartoffelrose/Apfelrose), Rosengewächse
Standort: Von Europa bis Asien und Nordafrika in gemäßigten Klimazonen in Hecken, Gebüschen, lichten Wäldern, Ödland.
Sammelgut und -zeit: Rote Früchte von September bis Oktober. Frost soll, ebenso wie bei der Schlehe, die Süße hervorlocken. Man kann dies durch Einfrieren simulieren, was bei der Hagebutte überflüssig ist.
Geschmack: Leicht fruchtig, süß-säuerlich, mit einem hohen Gehalt an Vitamin C.

Heidelbeere
(Vaccinium myrtillus), Heidekrautgewächse
Standort: Moore, saure Böden, Laub- und Nadelwälder, vorwiegend Nordhalbkugel.
Sammelgut und -zeit: Von Mai bis Juni/Juli die mattblauen bis tiefblauen Beeren. Blätter und Blüten für Teeaufgüsse.
Geschmack: Fruchtig, süßsäuerlich.

Holunderbeere
(Sambucus nigra), Schwarzer Holunder
Strauch der Gattung Holunder, Geißblattgewächse
Standort: Waldränder, Heckenlandschaften.
Sammelgut und -zeit: Die dunkellila bis schwarzen Beeren sind ab Anfang bis Ende September reif.
Geschmack: Säuerlich frisch, leicht herb.
Achtung: Die Beeren sollten in rohem Zustand nicht gegessen werden.

Holunderblüte
(Sambucus nigra), Schwarzer Holunder
Strauch der Gattung Holunder, Geißblattgewächse
Standort: Waldränder, Heckenlandschaften.
Sammelgut und -zeit: Die wunderbar duftenden zartweißen bis zartgelben Blüten im Mai/Juni.
Geschmack: Die Blüten schmecken süßlich, duftig, intensiv.

Kartoffelrose/Apfelrose
(Rosa rugosa), Heckenrose/Hundsrose
(Rosa canina), Rosengewächse
Standort: Wegränder, Gebüsche, Waldränder.
Sammelgut und -zeit: Blüten von Mai bis Juli.
Geschmack: Die Blüten schmecken entsprechend ihres Dufts rosig, zart bis intensiv blumig.

Kleiner Wiesenknopf
auch Pimpinelle genannt (Sanguisorba minor), Rosengewächse
Standort: Trockenrasen, Wegränder, wärmeliebend.
Sammelgut und -zeit: Junge Blätter von Frühjahr bis Herbst.
Geschmack: Angenehm würzig, herb.

Heidelbeere	 Holunderbeere	 Holunderblüte
 Kartoffelrose/Apfelrose	 Kleiner Wiesenknopf	 Knoblauchsrauke
 Löwenzahn	 Melde	 Sauerampfer

Sauerklee | Süßdolde | Vogelmiere

Knoblauchsrauke

(Alliaria petiolata), Kreuzblütlergewächse
Standort: Laubwälder, Hecken, Zäune, feuchte Böden.
Sammelgut und -zeit: Blätter und junge Triebe von April bis Juni, später sind auch die Samen essbar. Sie können gleich von der Pflanze genascht oder ähnlich wie Senfsamen genutzt werden.
Geschmack: Als »kleine Schwester« (nicht botanisch) von Bärlauch und Knoblauch etwas knoblauchig, etwas bitter, etwas scharf.

Löwenzahn

(Taraxacum officinale), Korbblütlergewächse
Standort: Wiesen, Äcker, Weiden, nährstoffreiche Böden.
Sammelgut und -zeit: Junge, zarte Blätter besonders im Frühjahr, Blütenblätter, Knospen, Wurzeln.
Geschmack: Bitter, herbwürzig. Tipp: Blätter vor dem Verzehr 1–2 Stunden in Wasser einlegen, dann sind sie weniger bitter.

Melde

(Atriplex hastata, Atriplex patula), Gänsefußgewächse
Standort: Äcker, Wegränder. Häufige, weit verbreitete Pflanze. Die jungen Blätter sehen oft wie mehlbestäubt aus.
Sammelgut und -zeit: Ganz junge Pflänzchen, junge Blätter und Triebe von Ende Mai bis August. Blütenknospen und Samen sind ebenfalls zum Verzehr geeignet.
Geschmack: Nach jungen Erbsen, nach zartem Kohlrabi oder nach Spinat.

Sauerampfer

(Rumex acetosa), Knöterichgewächse
Standort: Meist feuchte und lehmige Wiesen, vereinzelt auch Wegränder und Bachufer. Weit verbreitet.
Sammelgut und -zeit: Junge Blätter von April bis Oktober.
Geschmack: Fein säuerlich.
Achtung: Sauerampfer enthält Oxalsäure, deshalb sollte man nur in Maßen davon essen.

Waldmeister

Wiesenschaumkraut

Sauerklee
(Oxalis acetosella), Sauerkleegewächse
Standort: Humose Waldböden.
Sammelgut und -zeit: Blätter von März bis September.
Geschmack: Fein säuerlich.
Achtung: Sauerklee enthält Oxalsäure, daher nur in Maßen genießen.

Süßdolde
(Myrrhis odorata), Doldenblütlergewächse
Standort: Nährstoffreiche Böden, Wiesen.
Sammelgut und -zeit: Junge, zarte Blätter von Frühjahr bis Herbst. Die Samen können als Gewürz verwendet werden. Sie werden im Herbst geerntet, wenn sie hart geworden sind.
Geschmack: Wie Anis, süßlich.
Achtung: Da die Doldenblütler leicht zu verwechseln sind (siehe Giersch), lohnt es sich, die Süßdolde im eigenen Garten anzupflanzen – dort dient sie auch als Nektarpflanze für Schmetterlinge, Bienen und Hummeln.

Vogelmiere
(Stellaria media), Nelkengewächse
Standort: Wiesen, Äcker, sehr verbreitet – gut erkennbar an den aufgestellten Härchen auf nur einer Seite des Stängels.
Sammelgut und -zeit: Das ganze Kraut fast das ganze Jahr über. Die Stängel können etwas hart sein, eventuell nur Blätter abzupfen.
Geschmack: Eines der leckersten Wildkräuter, nach jungem Mais schmeckend.

Waldmeister
(Galium odoratum), Rötegewächse
Standort: Schattige Laubwälder, oft ein Buchenwaldbegleiter.
Sammelgut und -zeit: Triebspitzen im April/Mai pflücken, etwas antrocknen lassen, dann entfaltet sich der Duft, und der Geschmack wird intensiver. Das blühende Kraut wird für Heilzwecke verwendet.
Geschmack: Typischer Duft und Geschmack, ähnlich einem leichten Vanillegeschmack.
Achtung: Das enthaltene Cumarin kann bei starkem Genuss Kopfschmerzen verursachen.

Wiesenschaumkraut
(Cardamine pratensis), Kreuzblütlergewächse
Standort: Bevorzugt feuchte Wiesen.
Sammelgut und -zeit: Blüten, Blütenknospen und Blätter von April bis Mai.
Geschmack: Leicht scharf bis bitter.

Erinnerung

Frühling, lichtdurchflutete Buchenwälder.

Schon von Weitem strömt einem ein kräftig

würziger Geruch entgegen.

Dann, so weit das Auge reicht – Bärlauch!

Ab und zu recken sich kleine weiße

Sternenblüten dem Licht entgegen.

Ein herrlicher Glücksmoment.

Bärlauch

Gewöhnlich verbrachten wir einen Teil der Sommerferien bei den Großeltern. Einmal sind wir aber bereits in den Frühjahrsferien mit der ganzen Familie dort eingefallen. Mein Onkel Pauli besaß in der Nähe, direkt an einer berauschend schönen Steilküste mit Blick auf die Ostsee, ein wunderschönes Wochenendhaus. Unmittelbar angrenzend gab es einen wildromantischen Buchenwald. Dort wuchs der Bärlauch gerne auf dem kalkhaltigen Boden und fühlte sich sichtlich wohl. Es duftete so herrlich nach dem knoblauchigen Kraut, dass wir mit Küchenmesser und Körben bewaffnet in den Wald zogen.

Welch ein Anblick, welch ein berauschender Duft! Der ganze Waldboden war über und über mit Bärlauchpflanzen bedeckt. Vereinzelt lugten kleine weiße Sternenblüten heraus. Da es so etwas bei uns zu Hause nicht gab, genossen wir diesen Anblick und sammelten vorsichtig drauflos.

Zurück in Onkel Paulis Haus bereiteten wir eine herrliche Mahlzeit mit frisch gefangenem in Bärlauchbutter gebratenem Zander. Dazu gab es Kartoffeln mit Bärlauchsauerrahm – das war köstlich. Gerade gesammelt und schon auf dem Tisch, herrlich!

Bärlauch, auch wilder Knoblauch genannt, gehört übrigens zu den ältesten Würz- und Heilpflanzen unserer Kultur. Lange Zeit war die Pflanze in Vergessenheit geraten. Sie soll ihren Namen daher erhalten haben, dass sich die Bären, ausgehungert nach ihrem Winterschlaf, gerne über die nahrhaften Blätter hermachen.

Wichtig beim Sammeln des Bärlauchs ist, dass man ihn wirklich gut kennt. Er kann mit den Blättern des Maiglöckchens oder der Herbstzeitlosen verwechselt werden, die beide hochgiftig sind. Den Bärlauch erkennt man an seinem intensiven Geruch nach frischem Knoblauch.

Seit einigen Jahren erfreut sich der Bärlauch so großer Beliebtheit, dass die wildwachsenden Vorkommen an einigen Orten schon bedenklich dezimiert sind. Deshalb gilt beim Sammeln von Ende April bis Ende Mai besondere Achtsamkeit. Ansonsten wird der Bärlauch inzwischen auch weitflächig kultiviert und auf fast allen Wochenmärkten angeboten. Lassen Sie sich von unseren Bärlauchrezepten inspirieren und experimentieren Sie damit. Nur Mut – es lohnt sich. Am gesündesten ist der Bärlauch übrigens roh zubereitet, also frisch geschnitten in Quark, Salaten, Dressings, oder kurz vor dem Servieren in einer feinen Spargelsuppe, ein Gedicht!

Bärlauchkefir

Für 4 Personen
Zubereitungszeit: 10 Minuten

10 Bärlauchblätter
2 Stiele Gundelrebe
1 unbehandelte Limette
1 kleine Chilischote
500 g Kefir
Meersalz
1 TL Zucker
einige Eiswürfel

Bärlauchblätter und Gundelrebe waschen und in einem Sieb abtropfen lassen oder mit einem Tuch trocken tupfen. Die Blätter grob schneiden. Die Limette waschen, abtrocknen und die Schale dünn abreiben. Den Saft auspressen. Die Chilischote je nach gewünschter Schärfe mit oder ohne Kerne fein hacken (bei Mitverwendung der Kerne wird der Drink sehr scharf).

Den Kefir in einen hohen Rührbecher geben. Bärlauch, Gundelrebe, Limettensaft und -schale, Chili, Kefir, Salz und Zucker hinzufügen und alles fein pürieren.

In 4 Gläser jeweils einige Eiswürfel geben und mit Bärlauchkefir auffüllen. Sofort servieren.

Dazu schmecken knusprige mit Meersalz gewürzte Blätterteigstangen oder Gemüsechips.

smooth

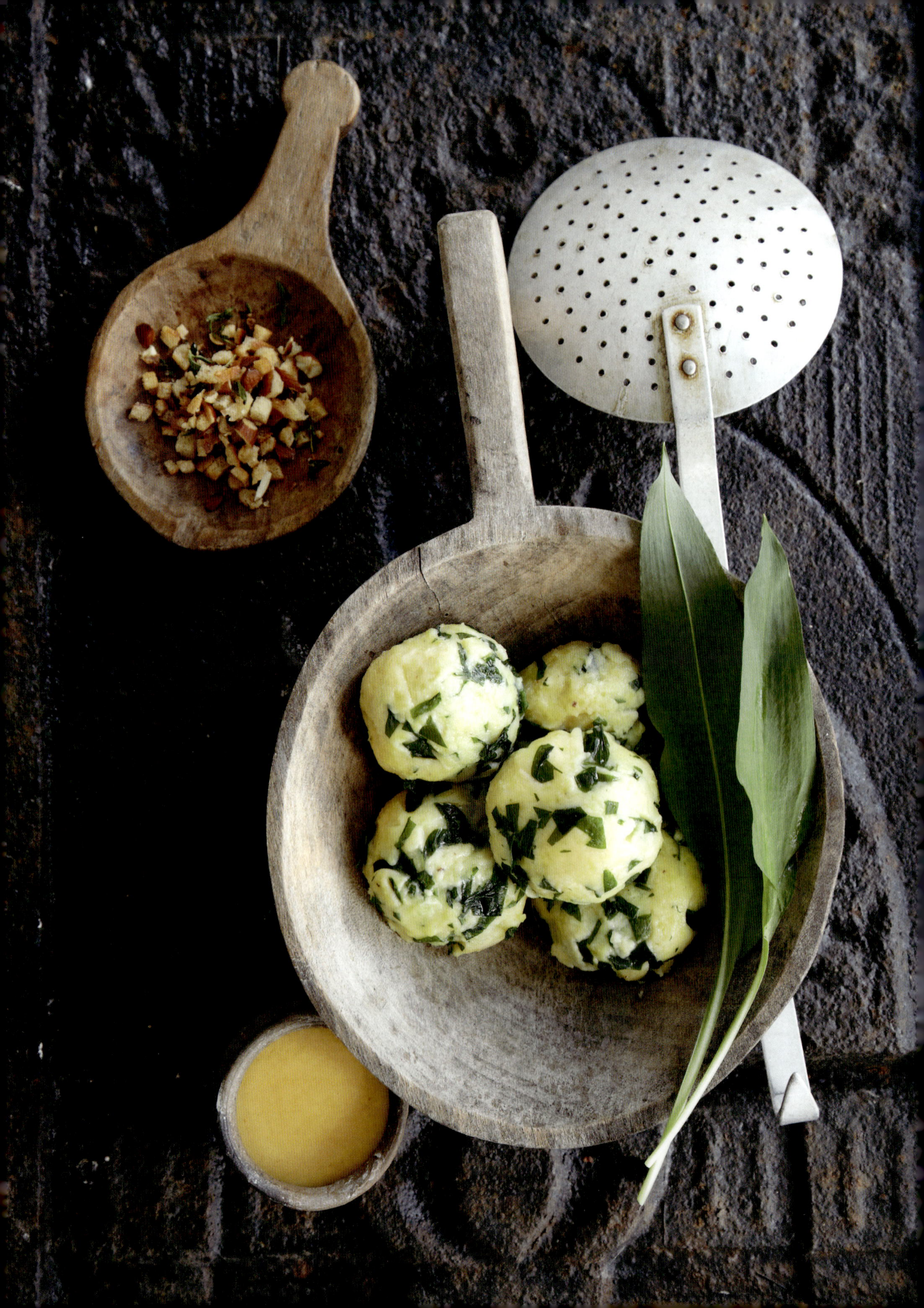

Bärlauch-Kartoffel-Klöße

Für 4 Personen
Zubereitungszeit: 40 Minuten
plus 1 Stunde Garzeit der
Kartoffeln

900 g mehlig kochende
 Kartoffeln
180 g Butter
6 Eigelb (Größe M)
75 g Speisestärke
Salz, Pfeffer aus der Mühle,
 Muskatnuss
150 g Bärlauch
2 Schalotten
1 unbehandelte Zitrone
125 ml Weißwein
5 frisch zerstoßene
 Pimentkörner
50 g Haselnüsse
1 altbackenes Brötchen
1 kleines Bund Thymian

Die Kartoffeln waschen. Nebeneinander auf ein Backblech legen und im vorgeheizten Ofen bei 160 Grad (Umluft nicht geeignet) etwa 1 Stunde backen. Anschließend abdampfen lassen und schälen. Die Kartoffeln zweimal durch die Kartoffelpresse drücken und abkühlen lassen.

Die Butter schmelzen und abkühlen lassen. 3 Eigelb, 60 g Speisestärke, 30 g flüssige Butter, Salz, Pfeffer und Muskat hinzufügen. Den Bärlauch waschen und in einem Sieb abtropfen lassen oder mit einem Tuch trocken tupfen. Die Blätter abzupfen und fein hacken. Unter die Kartoffelmasse kneten. Aus der Kartoffel-Bärlauch-Masse 12 Klöße formen. Auf ein mit Frischhaltefolie belegtes Brett legen.

Für die Sauce béarnaise die Schalotten schälen und fein würfeln. Die Zitrone waschen, abtrocknen und die Schale dünn abreiben. Schalotten, Zitronenschale, Wein, zerstoßene Pimentkörner, Salz und Pfeffer in einen Topf geben und aufkochen. 10 Minuten dünsten. Anschließend den Sud durch ein Sieb gießen. 100 g flüssige Butter, den Weinsud,
3 Eigelb und 15 g Speisestärke in eine Metallschüssel geben. Für die Klöße reichlich Wasser in einem großen Topf zum Kochen bringen und salzen. Über dem heißen Wasserbad die Eigelbmasse 6–8 Minuten cremig aufschlagen, bis die Masse gebunden ist. Beiseitestellen und warm halten.

Die Haselnüsse hacken. Das Brötchen sehr grob reiben. Den Thymian waschen und in einem Sieb abtropfen lassen oder mit einem Tuch trocken tupfen. Die Blätter von den Stielen zupfen.

Die Klöße in das kochende Wasser geben und etwa 10 Minuten darin ziehen lassen, bis sie nach oben steigen.

Währenddessen die restliche Butter erhitzen. Haselnüsse, Semmelbrösel und Thymian hinzufügen und darin rösten. Die Klöße mit einer Schaumkelle aus dem Wasser heben und mit den Bröseln bestreut servieren. Dazu die Sauce béarnaise servieren.

Bärlauch-Spargel-Pizza

Für 2 Pizzen
Zubereitungszeit: 30 Minuten
plus 45 Minuten Teigruhezeit
und 18 Minuten Backzeit

300 g Dinkelmehl
½ TL Salz
10 g frische Hefe
170 ml lauwarmes Wasser
5 EL Olivenöl
400 g grüner Spargel
120 g Parmesan
200 g Schmand
   (Crème fraîche)
Salz, Cayennepfeffer
20 Bärlauchblätter

Dinkelmehl und Salz mischen. Die Hefe mit lauwarmem Wasser verrühren und zur Mehlmischung geben. 2 EL Olivenöl hinzufügen und alles mit den Knethaken des Handrührgeräts oder der Küchenmaschine 2–3 Minuten verkneten. Den Teig zugedeckt mindestens 30 Minuten an einem warmen Ort gehen lassen.

Den Spargel waschen und das untere Drittel schälen. Die Enden abschneiden. Den Spargel längs halbieren. In einer beschichteten Pfanne 3 EL Olivenöl erhitzen und den Spargel rundherum etwa 3 Minuten braten. Herausnehmen.

Den Parmesan reiben. Den Schmand in eine Schüssel geben. Die Hälfte des Parmesans hinzugeben, mit Salz und Cayennepfeffer würzen und verrühren.

Die Bärlauchblätter waschen und in einem Sieb abtropfen lassen oder mit einem Tuch trocken tupfen. Jeweils 2 etwas abgekühlte Spargelhälften mit 1 Bärlauchblatt umwickeln.

Den Hefeteig auf einer bemehlten Arbeitsfläche nochmals gut durchkneten. Den Teig halbieren und jede Teigportion zu einer etwa 28 cm langen ovalen Fläche ausrollen. Nebeneinander auf ein Stück Backpapier legen. Die Pizzen mit der Schmandmischung bestreichen. Mit Spargel belegen und mit dem restlichen Parmesan bestreuen. 15 Minuten gehen lassen. Inzwischen den Ofen auf 250 Grad (Umluft 230 Grad) vorheizen.

Die Pizzen auf der untersten Schiene in den Ofen schieben und 18 Minuten backen. Sofort servieren.

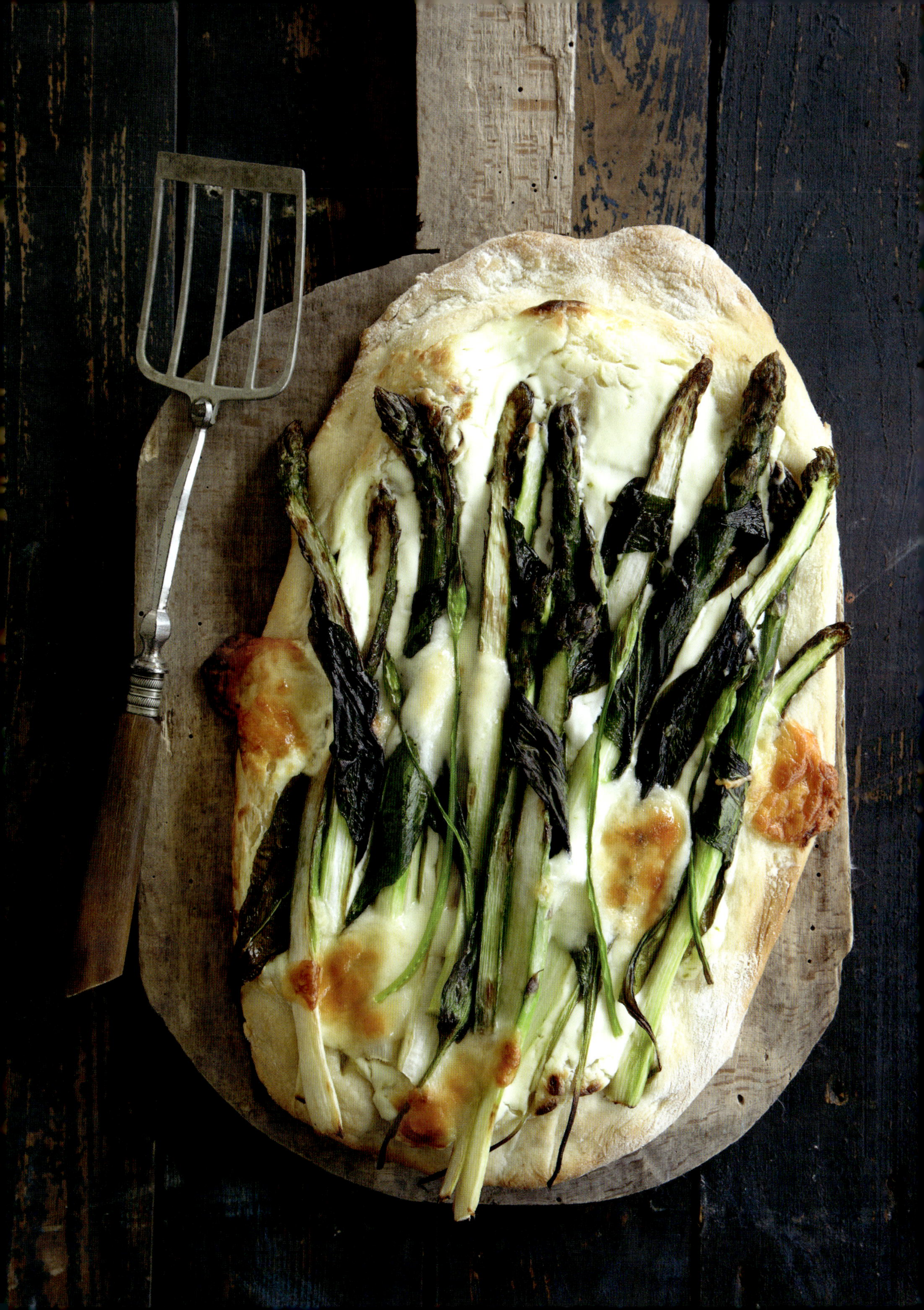

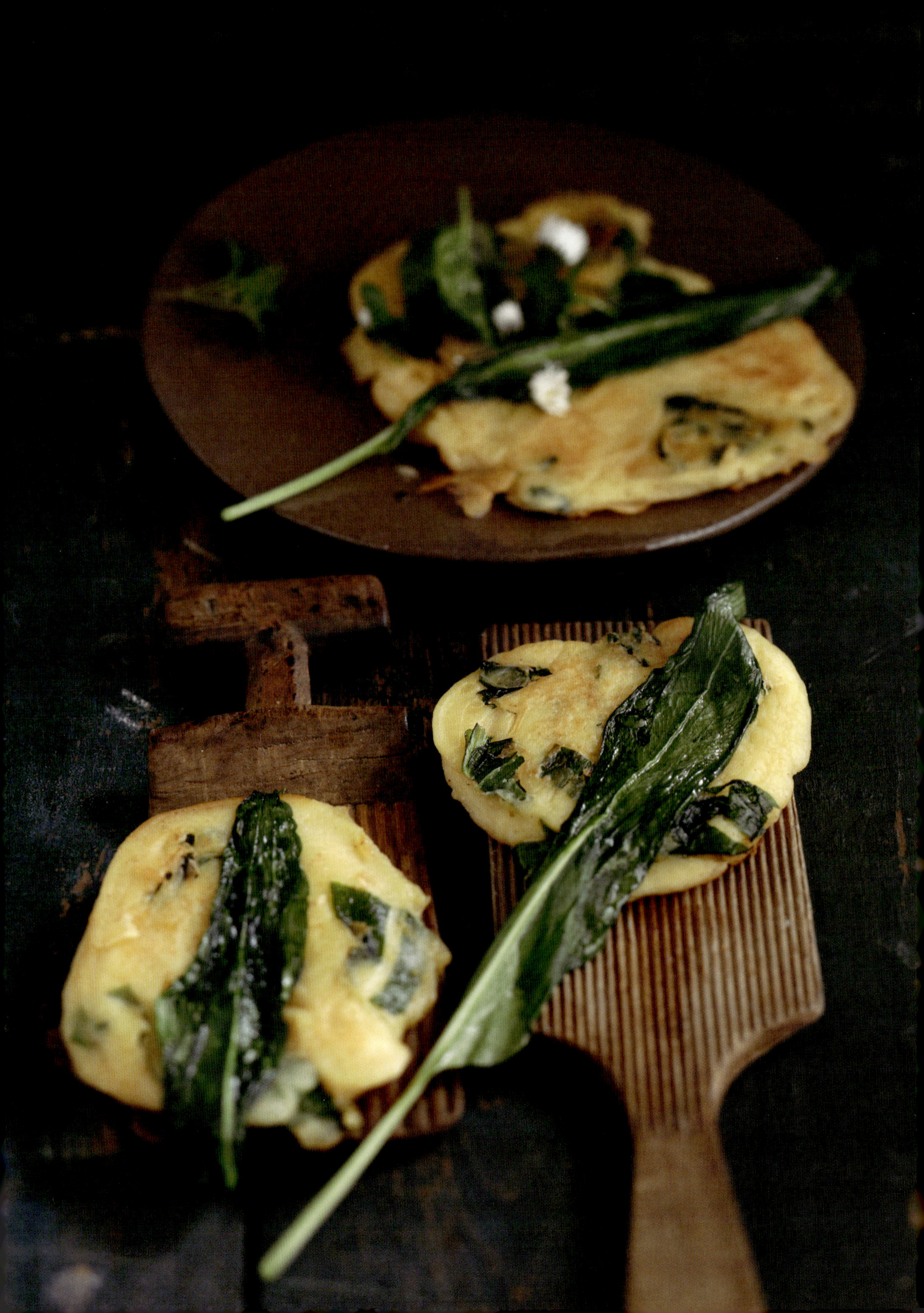

Bärlauch-Quark-Puffer

Für 4 Personen
Zubereitungszeit: 30 Minuten

150 g Bärlauch
3 Eier
1 Prise Salz
½ TL gemahlenes
   Vanillepulver
250 g Magerquark
70 g Speisestärke
60 g Butterschmalz

Den Bärlauch waschen und in einem Sieb abtropfen lassen oder mit einem Tuch trocken tupfen. Zwei Drittel der Blätter fein schneiden. Die restlichen Blätter beiseitestellen.

Die Eier trennen. Die Eiweiße mit Salz und Vanille steif schlagen. Den Quark mit der Speisestärke und den Eigelben verrühren. Das steif geschlagene Eiweiß und den fein geschnittenen Bärlauch vorsichtig unterheben.

Das Butterschmalz in einer beschichteten Pfanne erhitzen und nacheinander 12 kleine Küchlein rundherum 4–5 Minuten bei mittlerer Hitze goldbraun backen. Zum Schluss die restlichen Bärlauchblätter kurz im Bratfett braten und zu den Küchlein servieren.

Dazu schmeckt ein grüner Salat und Sauerrahm.

Gebratenes Bärlauch-Zanderfilet mit Frühlingsgemüse

Für 4 Personen
Zubereitungszeit: 30 Minuten

800 g Zanderfilet mit Haut
200 g Bärlauch
500 g junge feine Karotten (Möhren)
500 g kleine weiße Rübchen
30 g Ingwer
1 Chilischote
2 Orangen
6 EL Olivenöl
1 EL Orangen-Sanddorn-Aufstrich
1–2 EL Sojasauce
Salz
30 g Butter

Das Zanderfilet waschen und trocken tupfen. In 8 Portionen schneiden.

Den Bärlauch waschen und in einem Sieb abtropfen lassen oder mit einem Tuch trocken tupfen. Die Karotten schälen und längs halbieren. Die Rübchen schälen und in Scheiben schneiden. Den Ingwer schälen und fein reiben. Die Chilischote längs aufschneiden, die Kerne entfernen und fein hacken. Die Orangen auspressen.

3 EL Olivenöl in einer beschichteten Pfanne erhitzen. Das Gemüse darin unter Wenden 4–5 Minuten anbraten. Ingwer und Chili hinzufügen und kurz mitbraten. Mit dem Orangensaft ablöschen. Orangen-Sanddorn-Aufstrich und Sojasauce hinzufügen. Mit Salz würzen und 3–4 Minuten dünsten.

3 EL Olivenöl in einer beschichteten Pfanne erhitzen. Die Butter hinzufügen und die Zanderfiletstücke darin rundherum 3–4 Minuten braten. Die Zanderfiletstücke herausnehmen und warm stellen. Im Bratfett den Bärlauch kurz anbraten. Fisch und Bärlauch auf dem Gemüse anrichten und mit dem Sud beträufeln.

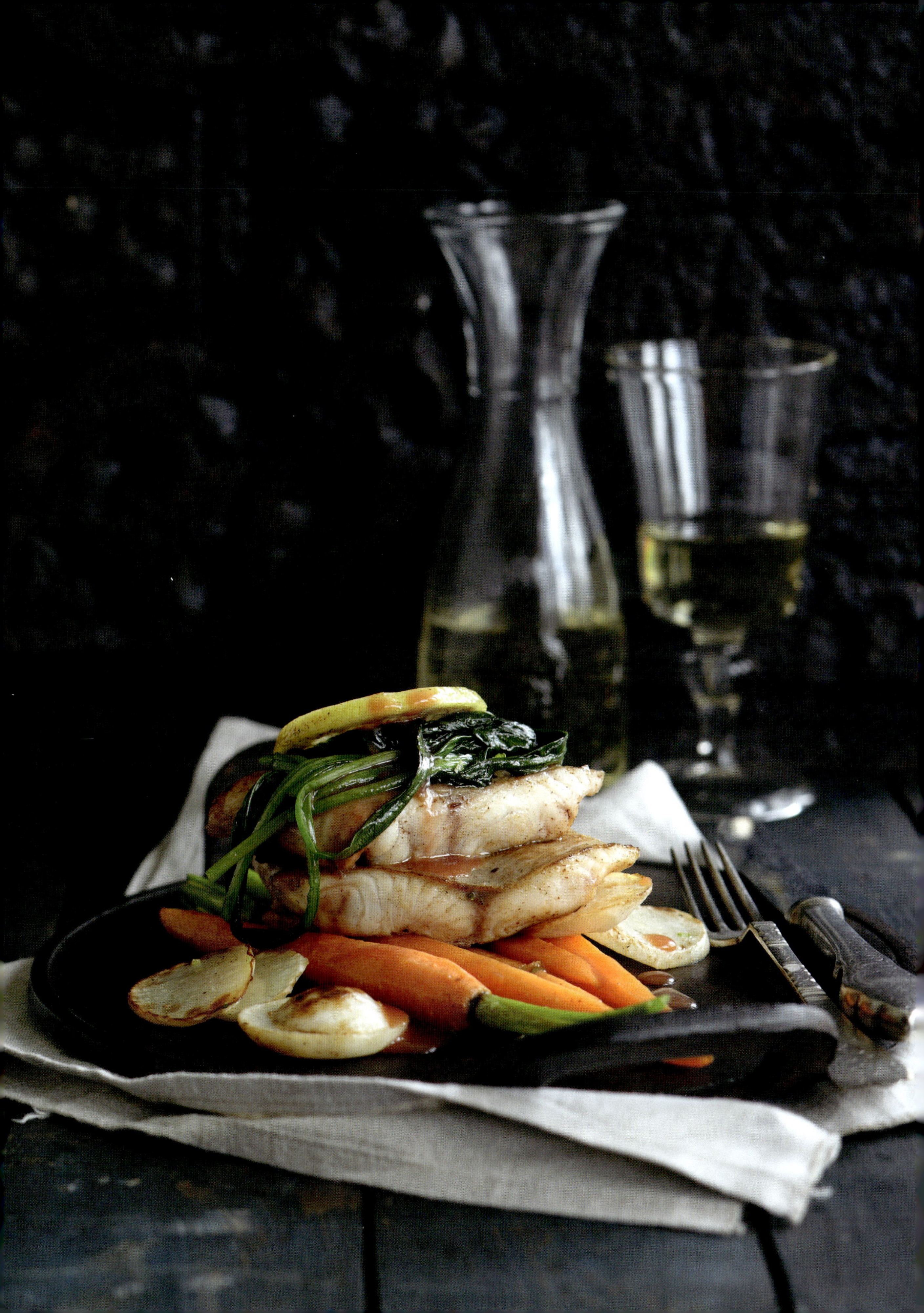

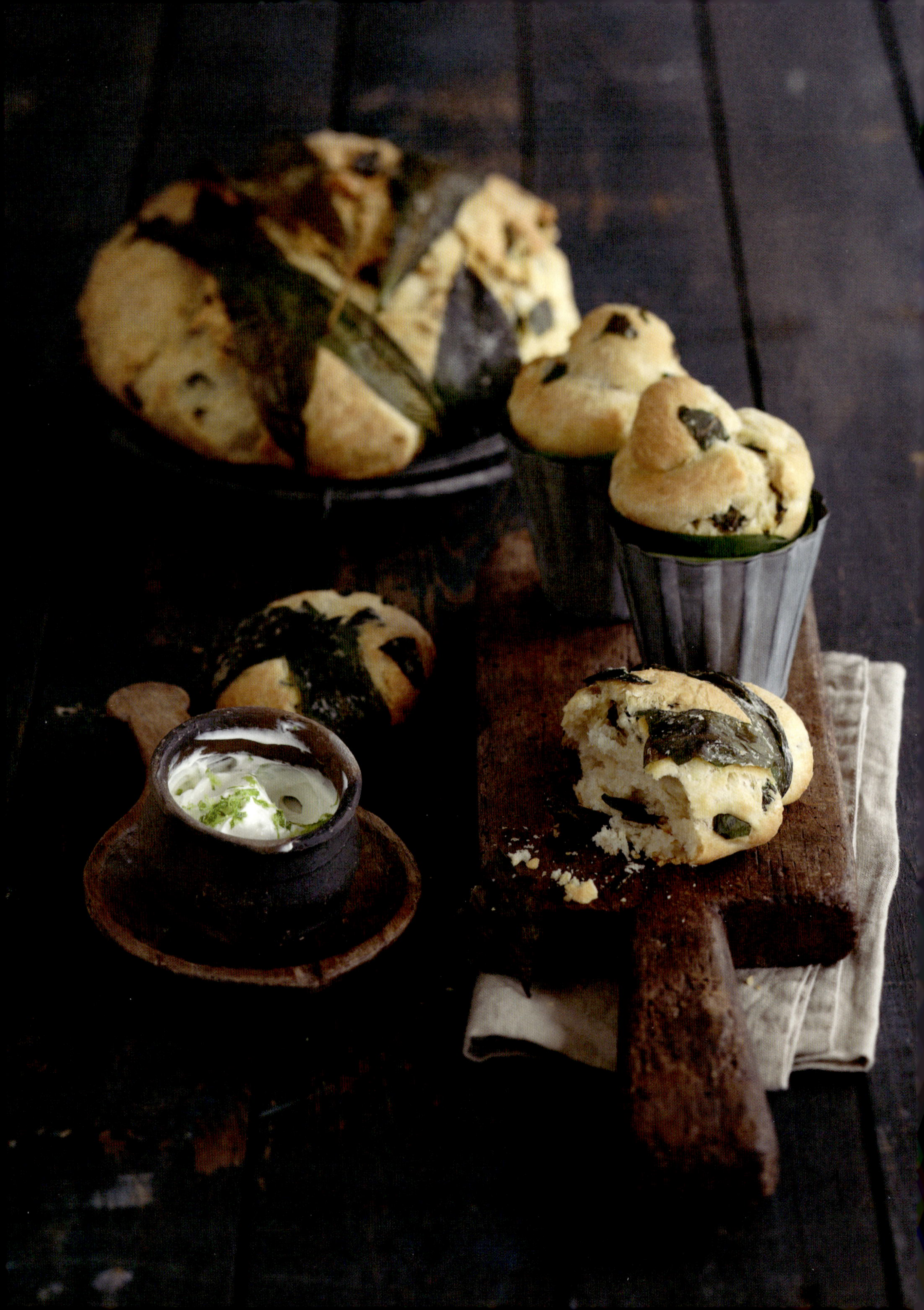

Bärlauchbrioche
mit Limettenfrischkäse

Für 12 Stück
Zubereitungszeit: 30 Minuten
plus 1 Stunde Teigruhezeit

20 g Hefe
100 ml lauwarme Milch
1 TL Zucker
170 g sehr weiche Butter
4 Eier
375 g Mehl
150 g Bärlauch
1 Eiweiß
200 g Frischkäse
200 g Schmand
   (Crème fraîche)
1 unbehandelte Limette
Salz
½ TL Zucker

Die Hefe in die Milch bröckeln, den Zucker darüberstreuen und rühren, bis sich die Hefe aufgelöst hat. Die Butter verrühren. Die Eier nacheinander unterrühren. 340 g Mehl und die Hefe-Milch-Mischung hinzufügen und mindestens 3 Minuten weiterrühren. Den Teig zugedeckt etwa 1 Stunde an einem warmen Ort gehen lassen.

Den Bärlauch waschen und in einem Sieb abtropfen lassen oder mit einem Tuch trocken tupfen. Zwei Drittel der Blätter fein schneiden.

Den Briocheteig 2–3 Minuten kräftig kneten, dabei die fein geschnittenen Bärlauchblätter unterkneten. Anschließend 120 g Teig beiseitestellen. Den restlichen Teig in 12 gut eingefettete Briocheformen (10 cm) verteilen. Den beiseitegestellten Teig mit dem restlichen Mehl verkneten und daraus 12 kleine Kegel formen. Den Teig in den Formen jeweils mit einem Kochlöffelstiel eindrücken und je einen Teigkegel hineinsetzen.

Die Teigkegel mit Eiweiß bepinseln und mit den restlichen Blättern verzieren. Im vorgeheizten Ofen bei 200 Grad (Umluft 180 Grad) 20–22 Minuten backen.

Frischkäse und Schmand in eine Schüssel geben. Die Limette waschen, abtrocknen und die Schale dünn abreiben. Den Saft von ½ Limette auspressen. Limettenschale und -saft, Salz und Zucker zur Frischkäsemasse geben und gut verrühren. Zu den Brioches servieren.

Die Brioches nach dem Backen 5 Minuten in den Formen ruhen lassen. Anschließend vorsichtig stürzen und auf einem Kuchengitter abkühlen lassen.

Tipp:
Statt der kleinen Formen kann man auch eine große Briocheform oder eine Springform (20 cm) verwenden. Dann beträgt die Backzeit 40–45 Minuten.

Geschmorte Bärlauch-Kalbs-Röllchen mit Schmandkartoffeln

Für 4 Personen
Zubereitungszeit: 45 Minuten

8 sehr dünne Kalbsschnitzel
   à 80 g
Salz, Pfeffer aus der Mühle
8 TL Senf
8 Scheiben Serranoschinken
16 Bärlauchblätter
700 g Kartoffeln
60 g Butter
2 EL Olivenöl
150 ml Wermut
   (z. B. Noilly Prat)
200 g Erdbeeren
½ TL brauner Zucker
½ TL gemahlene Vanille
Muskat
200 g Schmand
   (Crème fraîche)

Die Kalbsschnitzel jeweils zwischen zwei Gefrierbeutel legen und mit einer Pfanne oder einem Topf flach klopfen. Dann nebeneinander auf eine saubere Arbeitsfläche legen. Das Fleisch mit Salz und Pfeffer würzen. Mit Senf bestreichen und mit jeweils 1 Schinkenscheibe und 1 Bärlauchblatt belegen. Die Kalbsschnitzel aufrollen und jeweils 1 Bärlauchblatt darum wickeln. Mit einem Zahnstocher feststecken.

Die Kartoffeln schälen, längs halbieren und in leicht gesalzenem Wasser zugedeckt 22–25 Minuten garen.

40 g Butter und Olivenöl in einer flachen Pfanne erhitzen und die Kalbsröllchen darin rundherum anbraten. Mit Wermut ablöschen. Mit Salz und Pfeffer würzen und 10–12 Minuten schmoren.

Die Erdbeeren waschen, putzen und pürieren. Die Kalbsröllchen aus dem Sud nehmen und warm stellen. Das Erdbeerpüree zum Schmorsud geben und verrühren. Mit Zucker abschmecken.

Die Kartoffeln abgießen, dabei etwa 100 ml Kartoffelsud auffangen. Kartoffelsud und die restliche Butter in den Topf geben. Mit Salz, gemahlener Vanille und Muskat würzen. Den Schmand unterrühren. Die Kartoffeln hinzugeben und kurz darin schwenken.

Mit den Kalbsröllchen und dem Erdbeersud servieren.

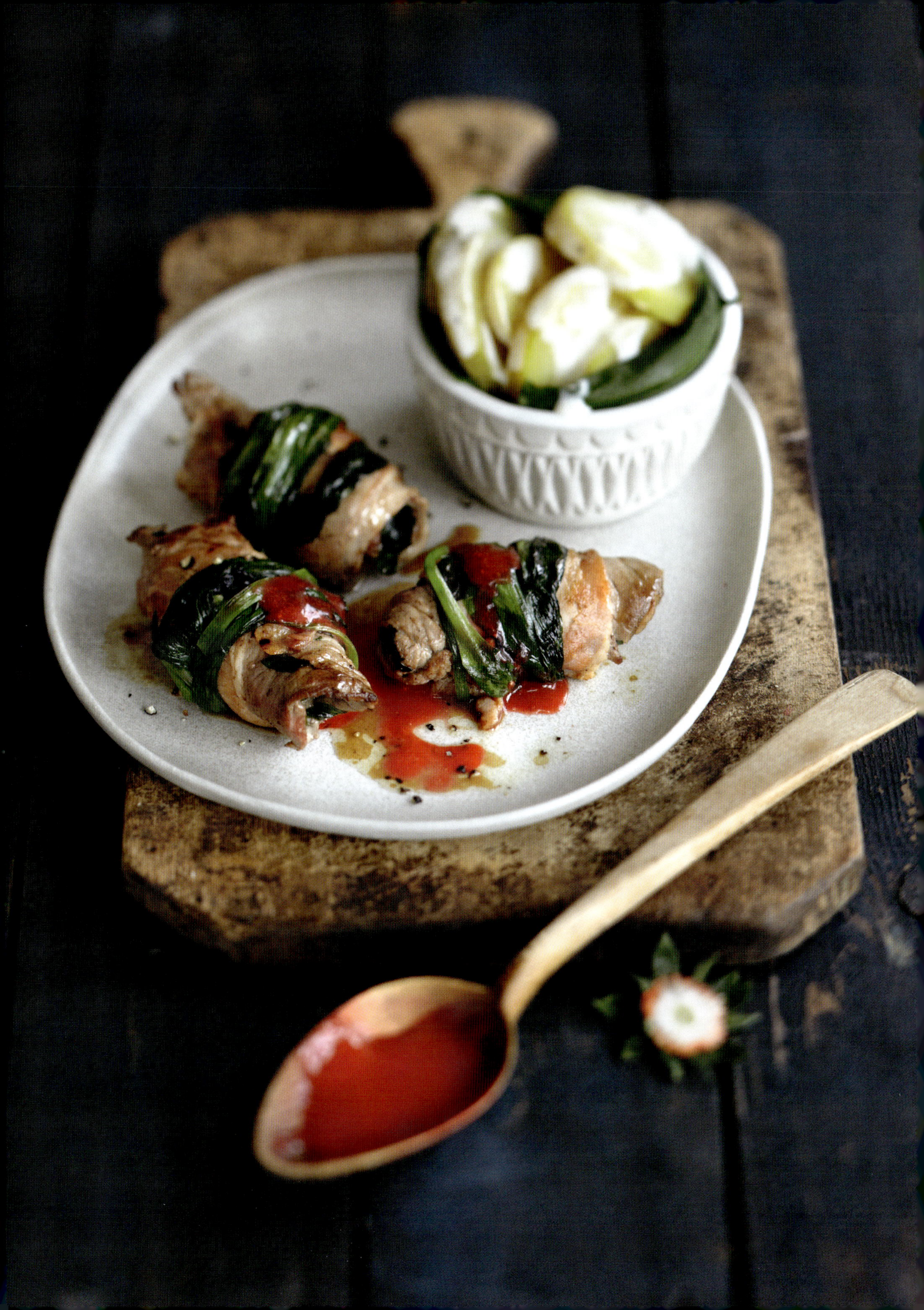

So zart und doch so stark.

Unschuldig fast, bei all der Kraft

und Energie, die in ihnen steckt.

Reich an Poesie und Mythen.

Unbezähmbar im Herzen und

voller Hingabe an das Leben.

Die Frühlingskräuter streben

mit Macht der Sonne entgegen

und bieten sich ganz und gar

dem Menschen an.

Zartes Frühlingsgrün

Sie wachsen auf dem Rasen, am Gartenweg, auf Brachflächen, am Weg- und Waldrand, auf Feldern, Wiesen und Weiden. Sogar in den geliebten Rosenbeeten und den angelegten Rabatten im heimischen Garten strecken sie ihre Blätter und Blüten hervor. Verfolgen sie uns etwa?

Meist kommen sie in Scharen, breiten sich mit ihrer gesamten Wuchskraft aus und erfreuen sich an der Frühlingssonne und streben dem Himmel entgegen. Man nennt sie Wildkräuter, Unkräuter, Zauber- oder Heilpflanzen und nutzte sie schon immer als Nahrung, als Medizin, als Rauschmittel oder Räucherwerk, zur Gewinnung von Fasern oder als Farbstoff.

»Neunerlei Kräutlein«, so hieß es früher, braucht man für die kraftspendende Frühlingssuppe, auch Gründonnerstagsuppe genannt, die den Winter mit ihrem Reichtum an Vitaminen und Mineralien aus den Gliedern treiben soll. Wir empfehlen die jungen Triebe von Brennnessel (Urtica dioica und Urtica urens), Löwenzahn (Taraxacum officinale), Vogelmiere (Stellaria media), Gundelrebe bzw. Gundermann (Glechoma hederaceae), Blätter und Blüten des Gänseblümchens (Bellis perennis), Knoblauchsrauke (Alliaria petiolata), Blüten und Blätter des Wiesenschaumkrauts (Cardamine pratensis), zarte Schafgarbenblätter (Achillea millefolium), den guten alten Bärlauch (Allium ursinum), Blätter und Blüten von Beinwell (Symphytum officinale) und nicht zuletzt das frische Grün des Gierschs (Aegopodium podagraria), um nur die wichtigsten zu nennen.

Allesamt Kraftprotze mit einer schier unverwüstlichen Lebensenergie. Gerade der Giersch ist ein wichtiger Lieferant von Vitaminen und Spurenelementen, die in ihm viel höher dosiert sind als in vielen konventionellen Gemüsen wie beispielsweise Kohl oder Salaten.

Wer einmal Giersch im Garten hat, bringt ihn kaum mehr aus den Beeten. Für Wildkräuter-Feinschmecker ist das kein Problem. Ernten wir doch einfach die hellgrünen, glänzenden Blätter und nutzen sie für unseren Speiseplan. Und das erst noch, ohne weit gehen zu müssen!

Ich streife mit Sammelfreude durch meinen wilden Garten und lasse den schmackhaften Giersch in viele meiner Gerichte wandern. Ob für Salate, Suppen, Gemüse, Pesto, Kräuterquark – er ist meine erste Wahl, um mir die vitale Lebenskraft der Frühlingskräuter einzuverleiben. Mein Tipp: Ich sammle jedes Frühjahr eine bunte Mischung aus Frühlingskräutern, darunter besonders viel Giersch, und lasse sie trocknen. So habe ich für die Winterzeit eine gesunde Würze auf Vorrat.

Der Giersch gehört zur Familie der Doldenblütler, denen auch giftige Pflanzen wie der Gefleckte Schierling (Conium maculatum), die Hundspetersilie (Aethusa cynapium) oder der Heckenkälberkropf (Chaerophyllum temulum) angehören. Daher Vorsicht beim Sammeln und Bestimmen!

Charakteristisch für den Giersch sind die dreigeteilten Blätter, die sich aus drei am Rand gezähnten Blattfiedern zusammensetzen. Der Stängel ist gefurcht und läuft oft nach unten hin rötlich aus. Typisch ist der feine Duft nach Möhrenkraut oder Sellerie, wenn man die Blätter zerreibt. Darin findet sich auch der köstliche Geschmack des Wildgemüses wieder.

Zarter Wildkräuterflan

Für 4 Personen
Zubereitungszeit: 30 Minuten
plus 30 Minuten Garzeit

50 g gemischte Wildkräuter
   (z. B. junger zarter Giersch,
   Knoblauchsrauke, Gundelrebe)
1 unbehandelte Limette
250 g Ricotta
1 Ei
1 Eigelb
Salz, Pfeffer aus der Mühle
50 g geriebenes Weißbrot
   ohne Rinde
30 g flüssige Butter
12 junge zarte Beinwellblätter
   und einige -blüten
6 EL Olivenöl
2 EL Limettensaft
1 EL Holunderblütensirup
   (siehe Seite 141)

Die Wildkräuter waschen und in einem Sieb abtropfen lassen oder mit einem Tuch trocken tupfen. Die Blätter von den Stielen zupfen und grob hacken.

Die Limette waschen, abtrocknen und die Schale dünn abreiben. Den Saft auspressen. Ricotta, Ei, Eigelb, Limettenschale und -saft, Salz, Pfeffer, Weißbrot, Butter und die Hälfte der Kräuter in einer Rührschüssel kurz mit einem Pürierstab pürieren. Die Masse in 4 gut eingefettete Auflaufformen (ca. 8 cm Durchmesser) füllen.

Die Portionsformen in eine tiefe Auflaufform stellen und diese mit kochend heißem Wasser füllen, bis die Formen zur Hälfte im Wasser stehen. Die Auflaufform im vorgeheizten Ofen bei 175 Grad (Umluft 160 Grad) auf der mittleren Schiene 25–30 Minuten garen.

Die Formen aus dem Wasserbad nehmen. Mit einem Messer den Flan dem Rand entlang lösen, auf eine Platte stürzen und abkühlen lassen. Beinwellblätter und -blüten waschen und in einem Sieb abtropfen lassen oder mit einem Tuch trocken tupfen.

Olivenöl, Limettensaft, Holunderblütensirup, Salz und Pfeffer zu einer Vinaigrette verrühren.

Den Wildkräuterflan mit den Beinwellblättern und -blüten sowie der Vinaigrette servieren.

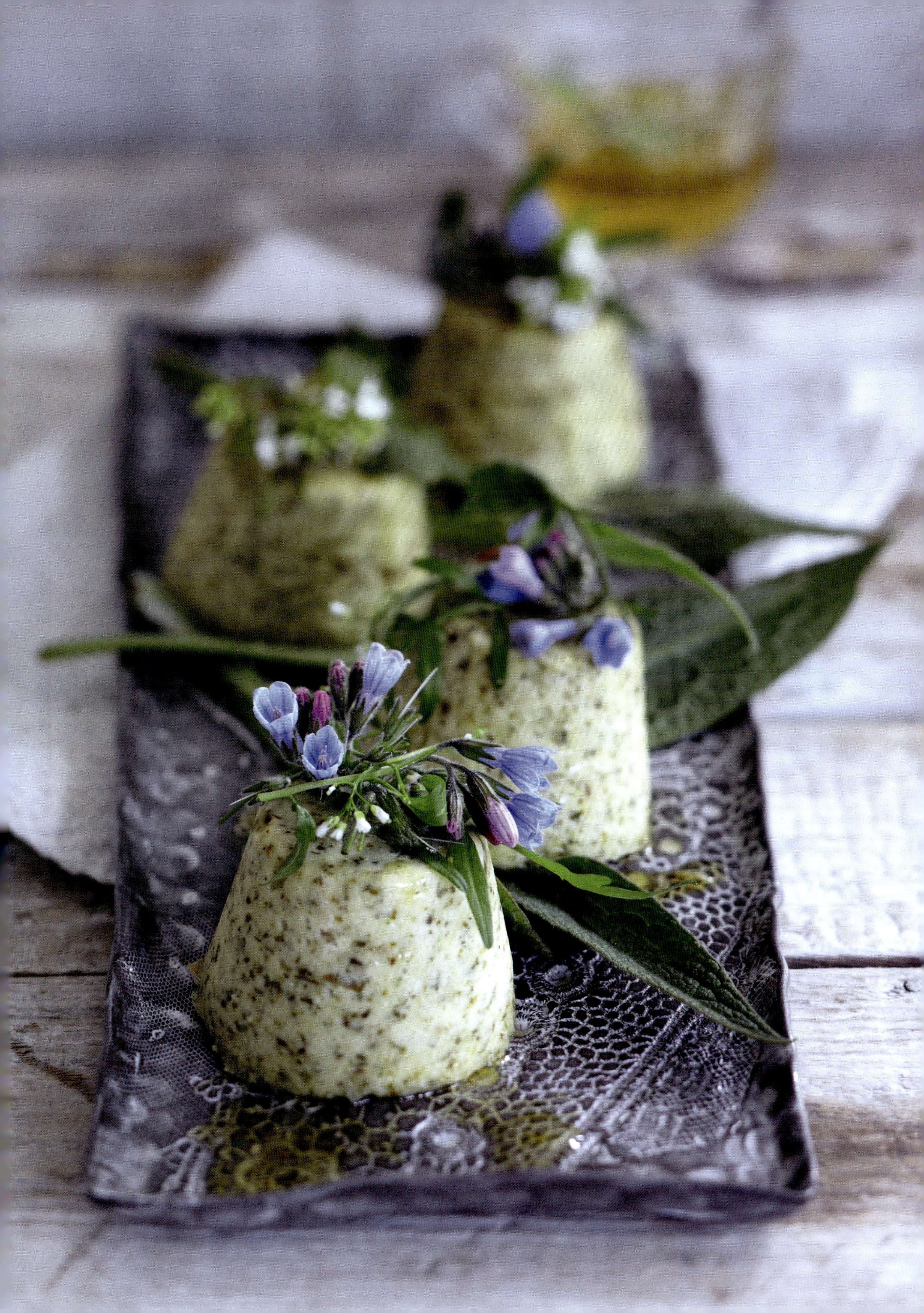

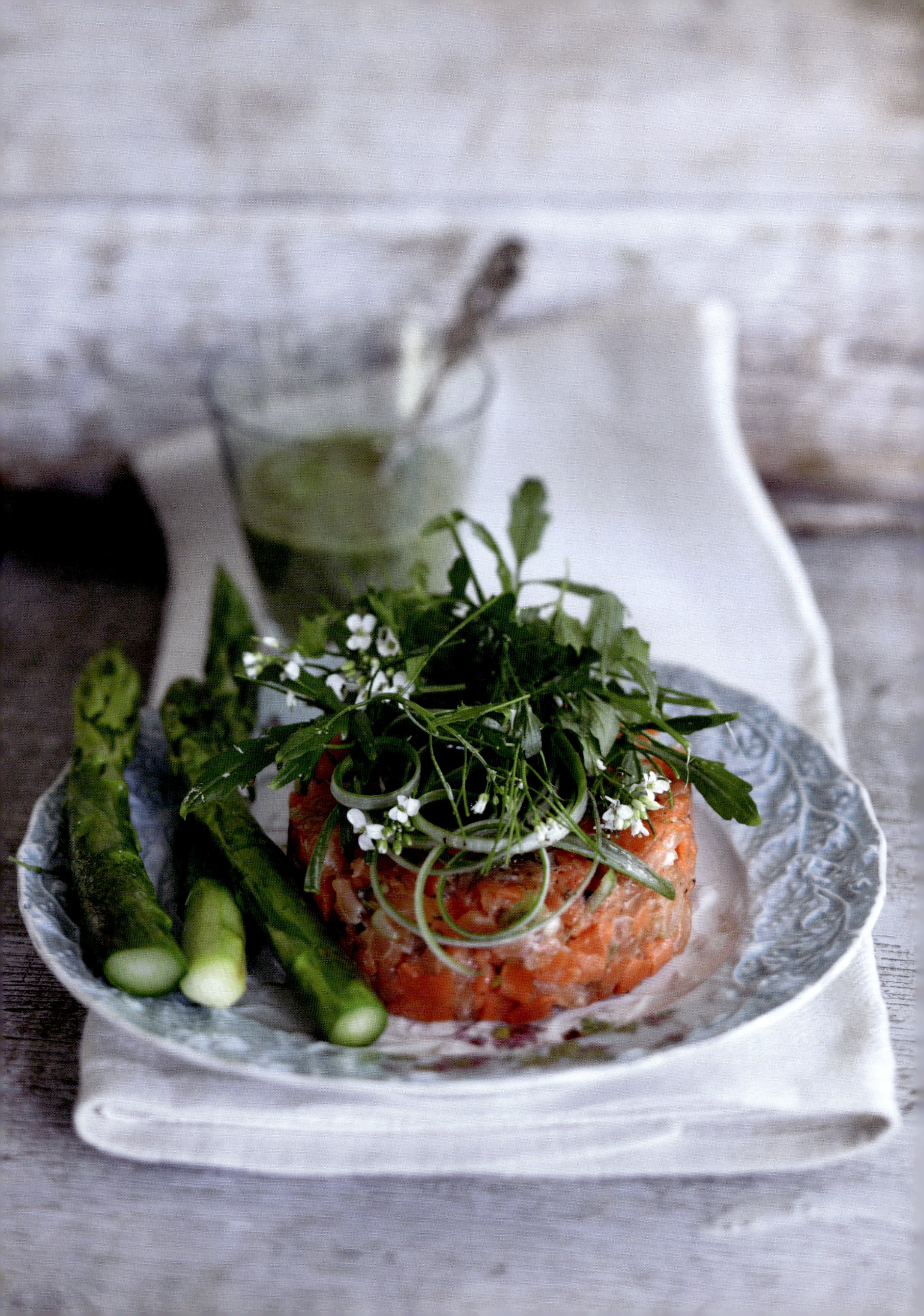

Lachstatar mit Wildkräutern

Für 4 Personen
Zubereitungszeit: 35 Minuten

300 g geräucherter Lachs
300 g sehr frischer Lachs
   (Sushiqualität)
2 unbehandelte Limetten
30 g Ingwer
1 Chilischote
2 Frühlingszwiebeln
Salz
150 g gemischte Wildkräuter
   (z. B. Giersch, Wiesenschaumkraut, Knoblauchsrauke, Gundelrebe)
1 reife Birne
1 TL Honig
6 EL kalt gepresstes Olivenöl

Geräucherten und frischen Lachs sehr fein würfeln. Die Limetten waschen, abtrocknen und die Schale dünn abreiben. Den Saft auspressen. Die Hälfte von Saft und Schale beiseitestellen. Den Ingwer schälen und sehr fein hacken. Die Chilischote je nach gewünschter Schärfe mit oder ohne Kerne fein hacken. Die Frühlingszwiebeln putzen und waschen. 1 Frühlingszwiebel in sehr feine Ringe schneiden. Die zweite Frühlingszwiebel in sehr feine Streifen schneiden.

Lachs, Ingwer, Chili, Frühlingszwiebelringe, Limettensaft und -schale in eine Schüssel geben. Mit Salz würzen und mischen. Auf vier kleine Teller jeweils einen Servierring (ca. 8 cm Durchmesser) legen. Das Lachstatar in die Ringe verteilen und festdrücken.

Die Wildkräuter waschen und in einem Sieb abtropfen lassen oder mit einem Tuch trocken tupfen. Die Birne schälen, Kerngehäuse herausschneiden und das Fruchtfleisch grob würfeln. Birnenwürfel, Honig, beiseitegestellten Limettensaft und Limettenschale in einen hohen Rührbecher geben. Die Hälfte der Kräuter hinzufügen. Die Zutaten pürieren. Mit Salz würzen und Olivenöl kurz unterrühren, nicht mehr pürieren.

Die Servierringe vorsichtig entfernen. Restliche Kräuter und Frühlingszwiebelstreifen mischen und auf dem Lachs anrichten. Mit Birnenvinaigrette beträufeln und servieren.

Dazu schmeckt gebratener grüner Spargel.

Gierschnudeln

Für 4 Personen
Zubereitungszeit: 30 Minuten

4 Handvoll junger zarter Giersch
2 Frühlingszwiebeln
100 g Pancetta oder Frühstücksspeck
4 dünne Scheiben altbackenes Weißbrot
100 g Pecorino
50 g Butter
350 g frische Linguine
4 EL Olivenöl
Salz, Pfeffer

Den Giersch waschen und in einem Sieb abtropfen lassen oder mit einem Tuch trocken tupfen. Die Frühlingszwiebeln putzen, waschen und in feine Ringe schneiden. Den Pancetta oder Speck in feine Streifen schneiden. Die Weißbrotscheiben würfeln und leicht zerbröseln. Den Pecorino grob reiben.

Die Butter in einer Pfanne erhitzen und die Weißbrotbrösel darin rundherum goldbraun braten. Beiseitestellen.

Die Linguine in kochendem und gesalzenem Waser nach Packungsanweisung garen. Inzwischen das Olivenöl in einer Pfanne erhitzen und den Pancetta oder Speck darin knusprig braten. Beiseitestellen. Den Giersch in die Pfanne geben und kurz im restlichen Fett schwenken. Mit Salz und Pfeffer würzen.

Die Linguine abgießen. Giersch und Pancetta zu den Nudeln geben und vorsichtig mischen. Mit Weißbrotbröseln und Pecorino bestreuen und gleich servieren.

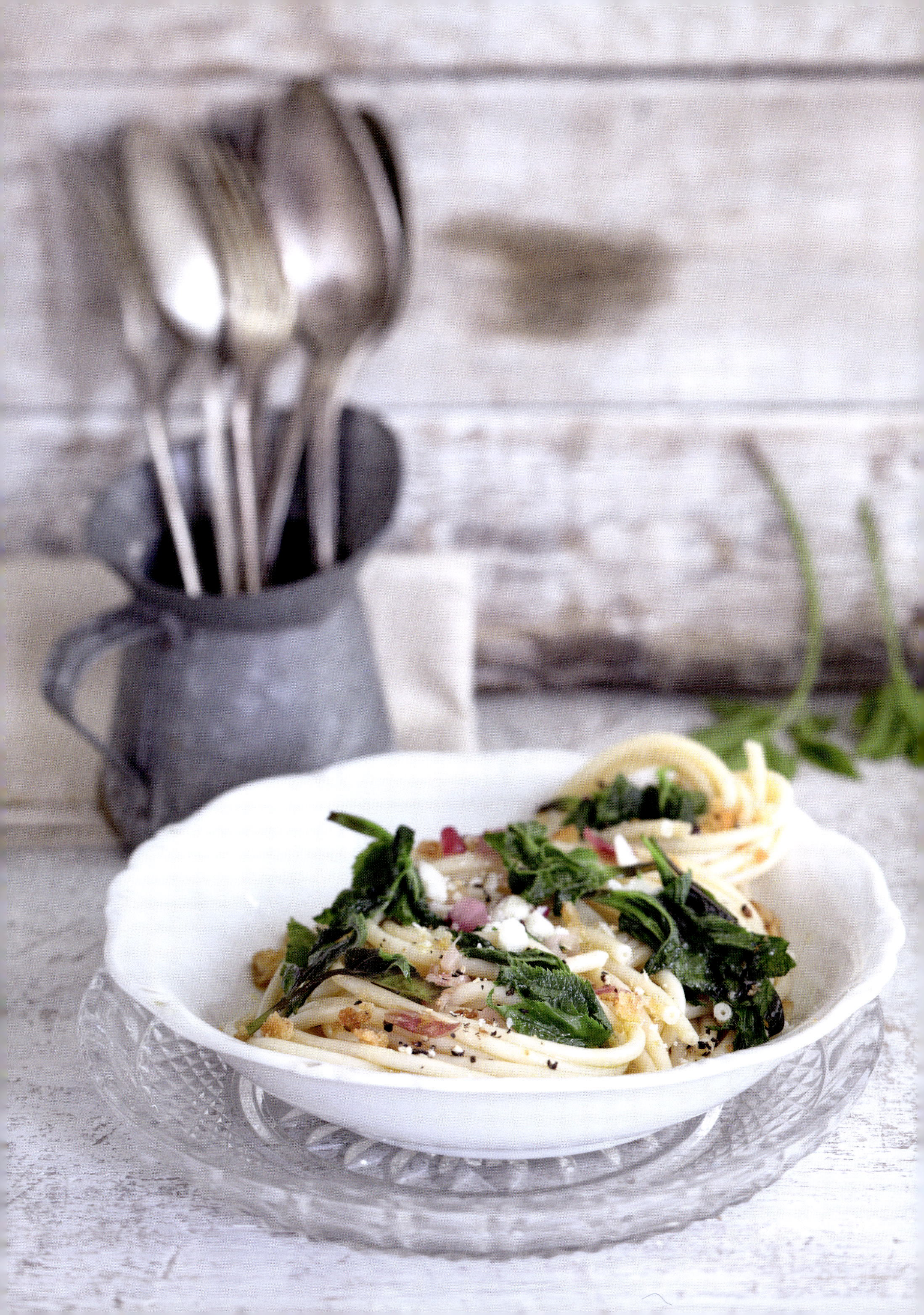

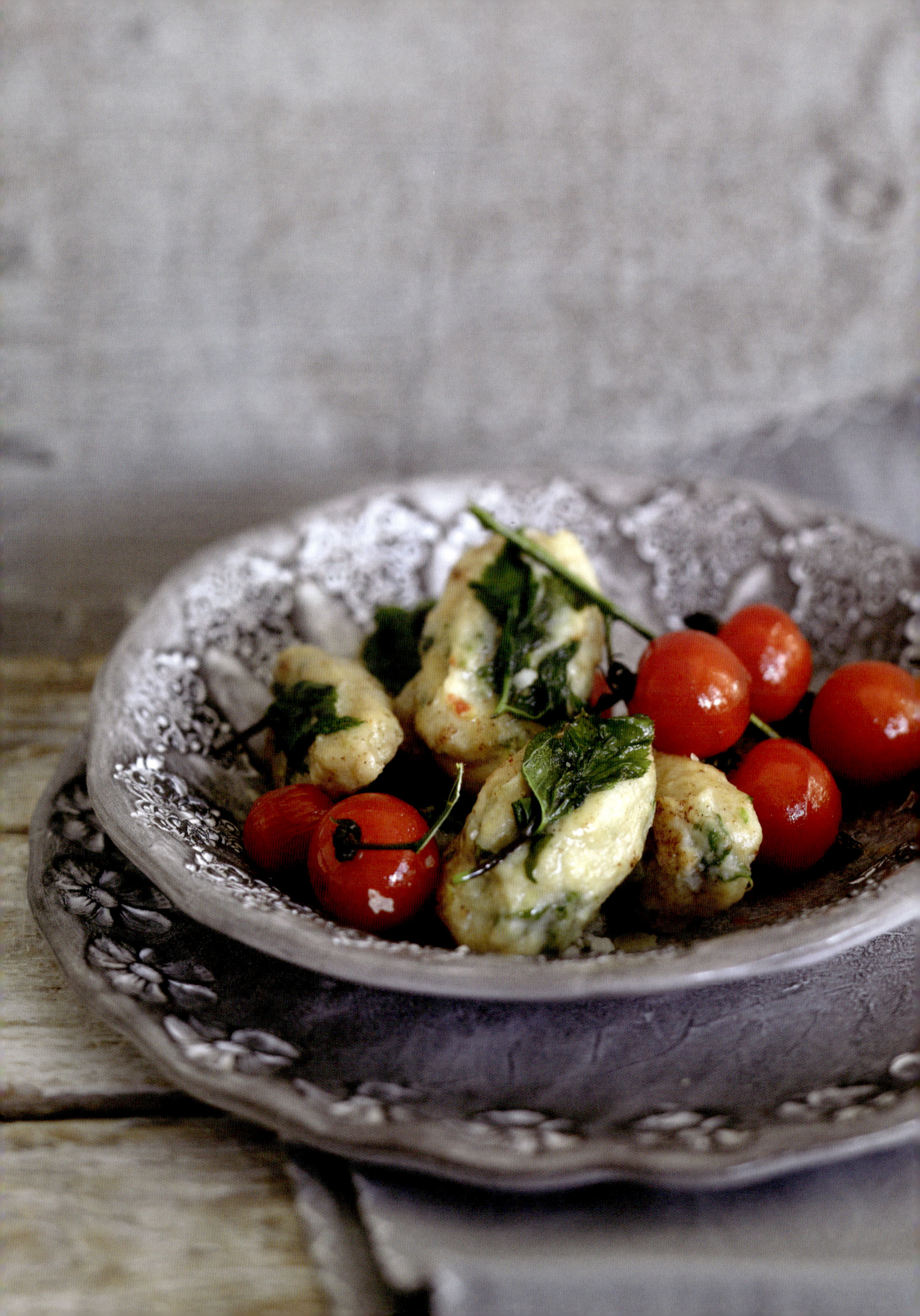

Gierschnocken

Für 4 Personen
Zubereitungszeit: 50 Minuten

500 g mehlig kochende Kartoffeln
100 g Parmesan
1 TL Koriandersamen
1 TL Fenchelsamen
3 Handvoll junger zarter Giersch
1 Ei
1 Eigelb
80 g Grieß
Salz, Pfeffer aus der Mühle
70 g Butterschmalz
3 EL Olivenöl
500 g Cherrytomaten

Die Kartoffeln schälen und in gesalzenem Wasser 20–25 Minuten kochen.

Den Parmesan reiben. Koriander und Fenchel im Mörser fein zerstoßen. Den Giersch waschen und in einem Sieb abtropfen lassen oder mit einem Tuch trocken tupfen.

Die Kartoffeln abgießen und durch die Kartoffelpresse drücken. Abkühlen lassen. Die Hälfte vom Parmesan, Ei, Eigelb, Grieß, Salz, Pfeffer, Koriander und Fenchel hinzufügen und unterkneten.

Einen großen Topf mit gesalzenem Wasser zum Kochen bringen. 30 g Butterschmalz in einer Pfanne erhitzen. Die Hälfte vom Giersch kurz darin anbraten. Den Giersch unter die Kartoffelmasse kneten. Aus der Masse mit zwei Esslöffeln Nocken abstechen. In das kochende Wasser geben und gar ziehen lassen, bis die Nocken nach oben steigen.

Das restliche Butterschmalz in der Pfanne erhitzen. Nocken darin schwenken. Den restlichen Giersch hinzufügen und kurz mitschwenken. Mit Salz und Pfeffer würzen.

In einer zweiten Pfanne das Olivenöl erhitzen und die Cherrytomaten 2 Minuten kräftig anbraten. Mit Salz und Pfeffer würzen. Gierschnocken und Tomaten auf Tellern anrichten. Den restlichen Parmesan dazu reichen.

»*Es gibt eine Kraft aus der Ewigkeit, und diese Kraft ist grün.*«   Hildegard von Bingen

Vor unseren Haustüren und Gartenpforten warten die grünen Gesellen darauf gepflückt zu werden. Einfach so.

Brennnesseln
Brunnenkresse
Löwenzahn

Um mein Häuschen herum hat sich eine stattliche Armee von grünen Kriegern versammelt. Sie sind stets bereit, Haus und Hof mitsamt seinen Bewohnern zu schützen, denn jeder, der sie unachtsam berührt, kommt unweigerlich mit ihren schmerzenden Brennhaaren in Kontakt. Wahrlich, das tut weh!

Und doch will ich die Brennnessel auf keinen Fall missen. Vielmehr bin ich stolz auf ihren Ausbreitungsdrang, kämpfe um jede Pflanze und möchte sie vor dem gärtnerischen Jäten verschonen, wenn sie sich bis unter den Obstbaum oder die Rosen vorgewagt haben. Sollen sie doch den Ernteertrag erhöhen und die ätherischen Öle hervorlocken!

Außerdem ist die Brennnessel die Kinderstube von drei ganz besonderen Schmetterlingsarten: Das Tag-Pfauenauge, der Admiral und der Kleine Fuchs legen ihre Eier auf der Brennnessel ab, und ihre Raupen ernähren sich ausschließlich von deren Blättern. Auf diese Weise bekommt die farblich nicht gerade aufregende Pflanze die schönsten Farbtupfer geschenkt.

Die Brennnessel ist eine große Heilpflanze. Schon Maria Treben riet, sich ihre Kraft einzuverleiben. Als Frühjahrskur ist der gepresste Pflanzensaft zu empfehlen, und auch der Tee hilft den Menschen in vielen Belangen.

Damit Sie in den kulinarischen Genuss dieser einzigartigen Pflanze kommen, haben wir für Sie feine Rezepte kreiert. Sie schmeckt tatsächlich vorzüglich! Lassen Sie sich überraschen.

Beim Ernten ist es klug Handschuhe zu tragen und die Blätter oder Triebspitzen mit einer Schere abzuschneiden. Ich sammle die Brennnessel immer getrennt von anderen Pflanzen, damit ich sie auch separat waschen und je nach Bedarf klein schneiden kann. So sind die Hände wieder frei für die Ernte anderer Pflanzen.

Gleich nebenan wächst der uns allen bekannte Löwenzahn – ebenfalls eine wichtige Heilpflanze. Ist es nicht ein Geschenk, dass zwischen Haustür und Gartenpforte, wie Wolf-Dieter Storl es nennt, ein Reichtum an Pflanzen wächst, der uns Menschen nährt und heilen kann. Unter jedem Schritt finden wir Gänseblümchen, Spitzwegerich mitsamt seinen Geschwistern Breitwegerich und Mittlerer Wegerich, Schafgarbe, Gundelrebe, Knoblauchsrauke und viele mehr, die wir für unser Wohl ernten können.

Besonders beliebt macht sich der Löwenzahn mit seinen Bitterstoffen. Ja, Sie haben richtig gelesen. Ist es doch eine Geschmacksrichtung, die in den letzten Jahrzehnten aus unserer Nahrung verbannt wurde, obwohl sie für unseren Organismus so hilfreich ist und unterstützend wirkt. Ein Aperitif ist dafür gedacht, mit seinen Bitterstoffen den Appetit anzuregen und den Magen vorzubereiten. Der Digestif hingegen unterstützt mit seinen Bitterstoffen die Verdauung. Nicht umsonst weisen die alten Rezepturen der Lebenselixiere, den »Elixieren ad longam vitam«, die vitalisierenden Bitterstoffe auf.

Allein der Anblick der wunderbaren gelben Blüten des Löwenzahns lässt uns bereits entspannt aufatmen, der Ärger verzieht sich, und die magischen Pusteblumen tun ihr Übriges.

Zum Schluss folgt in diesem Kapitel noch die Brunnenkresse. Senfölglykoside verleihen der Pflanze ihren scharfen, kresseartigen Geschmack. An manchen Orten wird die Brunnenkresse deshalb auch als Wassersenf bezeichnet. Man findet sie vor allem an Bächen, Ufern und Wassergräben. Dort tritt sie gern in großen Beständen auf und erfreut uns mit ihren weißen Blüten von Mai bis September.

Früher holte man sich die Brunnenkresse als Niespulver in getrockneter und pulverisierter Form ins Haus. Daher leitet sich wahrscheinlich ihr lateinischer botanischer Name von nasi tortium, »Nasendreher«, ab. Als Heilpflanze nutzt man die keimhemmende Wirkung bei Katarrhen der Luftwege. Der hohe Gehalt an Vitamin C macht sie auch sonst zu einer wertvollen Pflanze für uns, die in jedem Fall in die Frühlingsküche gehört.

Ernten kann man die Brunnenkresse bis in den September hinein. Da die Ernte jedoch nicht immer einfach und das Thema des Großen Leberegels zu beachten ist (siehe Seite 14), kann man sich auch auf Wochenmärkten umschauen. Dort findet man mittlerweile immer häufiger auch die Brunnenkresse im Angebot. Oder der Gemüsehändler Ihres Vertrauens besorgt Ihnen ein Bündel der frischen, knackigen Stängel.

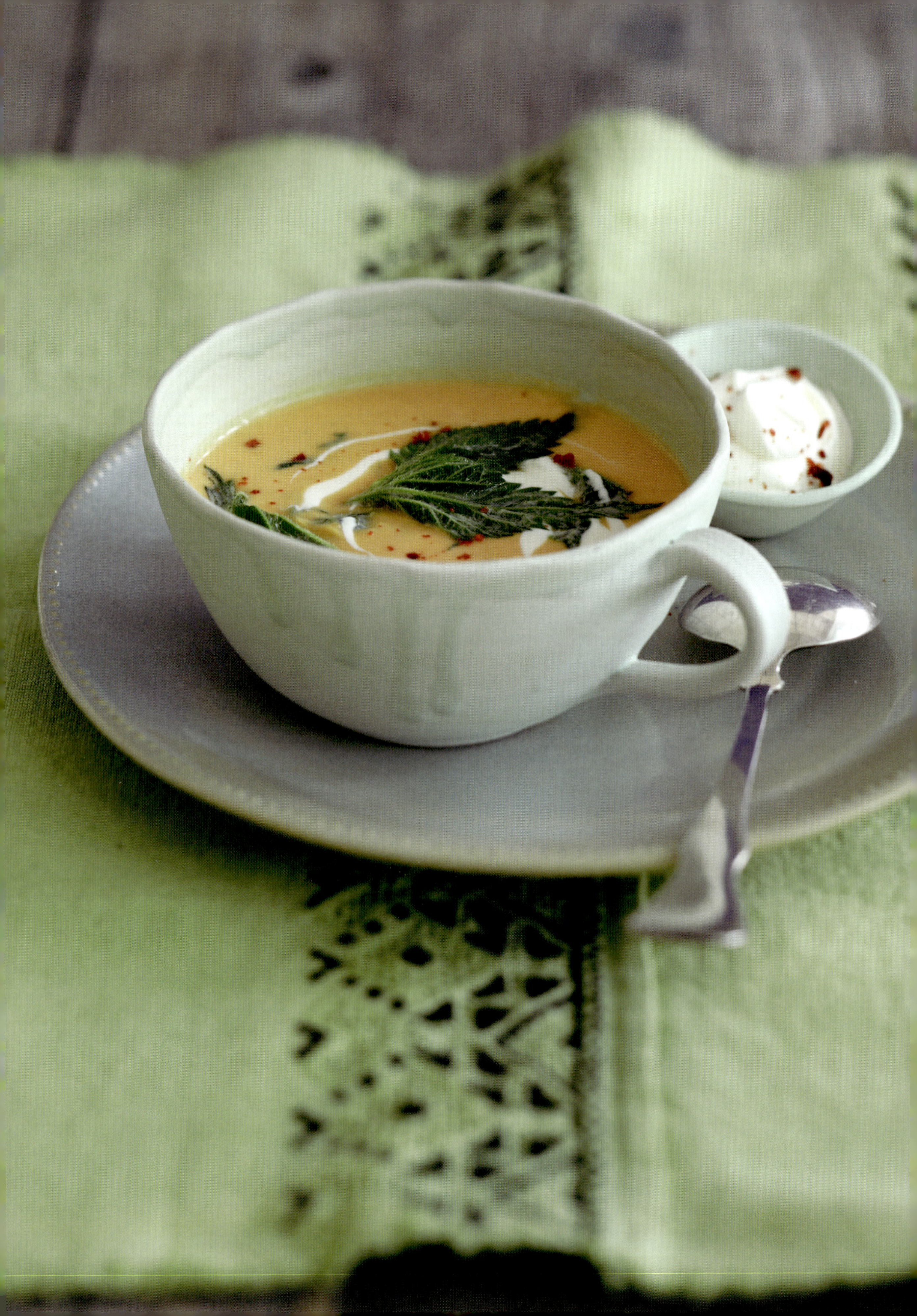

Brennnessel-Süßkartoffel-Suppe

Für 4 Personen
Zubereitungszeit: 30 Minuten

750 g Süßkartoffeln
2 Zwiebeln
40 g Ingwer
3 junge Stängel Zitronengras
4 EL Olivenöl
1,2 l Gemüsefond
Salz, Pfeffer aus der Mühle
150 g Brennnesselspitzen
200 g Schmand (Crème fraîche)
2–3 TL rosa Pfeffer

Die Süßkartoffeln schälen und grob würfeln. Die Zwiebeln schälen und würfeln. Den Ingwer schälen und fein würfeln. Vom Zitronengras die harten äußeren Blätter entfernen, dann die Stängel sehr fein schneiden.

Das Olivenöl erhitzen. Zwiebeln, Ingwer und Zitronengras darin glasig dünsten. Die Süßkartoffeln hinzufügen und 2 Minuten mitdünsten. Mit Gemüsefond ablöschen und mit Salz und Pfeffer würzen. Zugedeckt 12–15 Minuten dünsten.

Inzwischen die Brennnesselspitzen waschen (dabei Einmalhandschuhe tragen) und in einem Sieb abtropfen lassen oder mit einem Tuch trocken tupfen. Die Suppe pürieren und abschmecken. Die Brennnesselspitzen grob zupfen oder schneiden. Zur Suppe geben und nochmals 2–3 Minuten erhitzen. Den Schmand glatt rühren. Die Suppe mit Schmand und rosa Pfeffer anrichten.

Dazu schmeckt knuspriges Baguette sehr gut.

Brennnesselspinat mit Lammhack-Zitronengras-Spießen

Für 4 Personen
Zubereitungszeit: 45 Minuten

1 altbackenes Brötchen
4 Frühlingszwiebeln
14 Stängel Zitronengras
60 g Ingwer
1 Chilischote
600 g Lammhackfleisch
Salz
1 Ei
1 Eigelb
4 Handvoll Brennnesselspitzen (200 g)
3–4 EL Olivenöl
50 g Pinienkerne
40 g Butter
Pfeffer aus der Mühle
½ TL Cuminsamen
200 g griechischer Joghurt

Das Brötchen in kaltem Wasser einweichen. Die Frühlingszwiebeln putzen, die Hälfte davon fein würfeln. Die restlichen Frühlingszwiebeln in 1 cm breite Ringe schneiden und beiseitestellen. Vom Zitronengras die harten äußeren Blätter und etwa 4 cm von den Spitzen entfernen. 2 Zitronengrasstängel fein hacken. Den Ingwer schälen und fein hacken. Die Chilischote je nach gewünschter Schärfe mit oder ohne Kerne fein hacken. Das Lammhack in eine Schüssel geben. Das Brötchen sehr gut ausdrücken und grob über dem Hack zerzupfen. Gehacktes Zitronengras, die Hälfte vom Ingwer, Chili, Salz, Ei und Eigelb hinzufügen und alles zu einem glatten Teig verkneten.

Aus dem Teig 12 längliche Frikadellen formen. Jeweils einen Zitronengrasstängel zu zwei Dritteln hineindrücken und den Teig fest an den Zitronengrasstängel drücken.

Die Brennnesselspitzen waschen (dabei Einmalhandschuhe tragen) und in einem Sieb abtropfen lassen oder mit einem Tuch trocken tupfen.

Das Olivenöl in zwei Pfannen verteilen und erhitzen. Die Hack-Zitronengrasspieße darin rundherum etwa 8 Minuten braten. Warm stellen.

Die Pinienkerne in einer Pfanne goldbraun rösten, beiseitestellen. Die Butter in der Pfanne erhitzen. Frühlingszwiebeln und restlichen Ingwer darin glasig dünsten. Die Brennnesselspitzen hinzufügen und darin dünsten, bis sie zerfallen sind. Mit Salz und Pfeffer würzen.

Die Cuminsamen in einem Mörser fein zerstoßen. Den Joghurt mit Salz und Cumin verrühren. Zum Brennnesselspinat und den Hack-Zitronengrasspießen servieren.

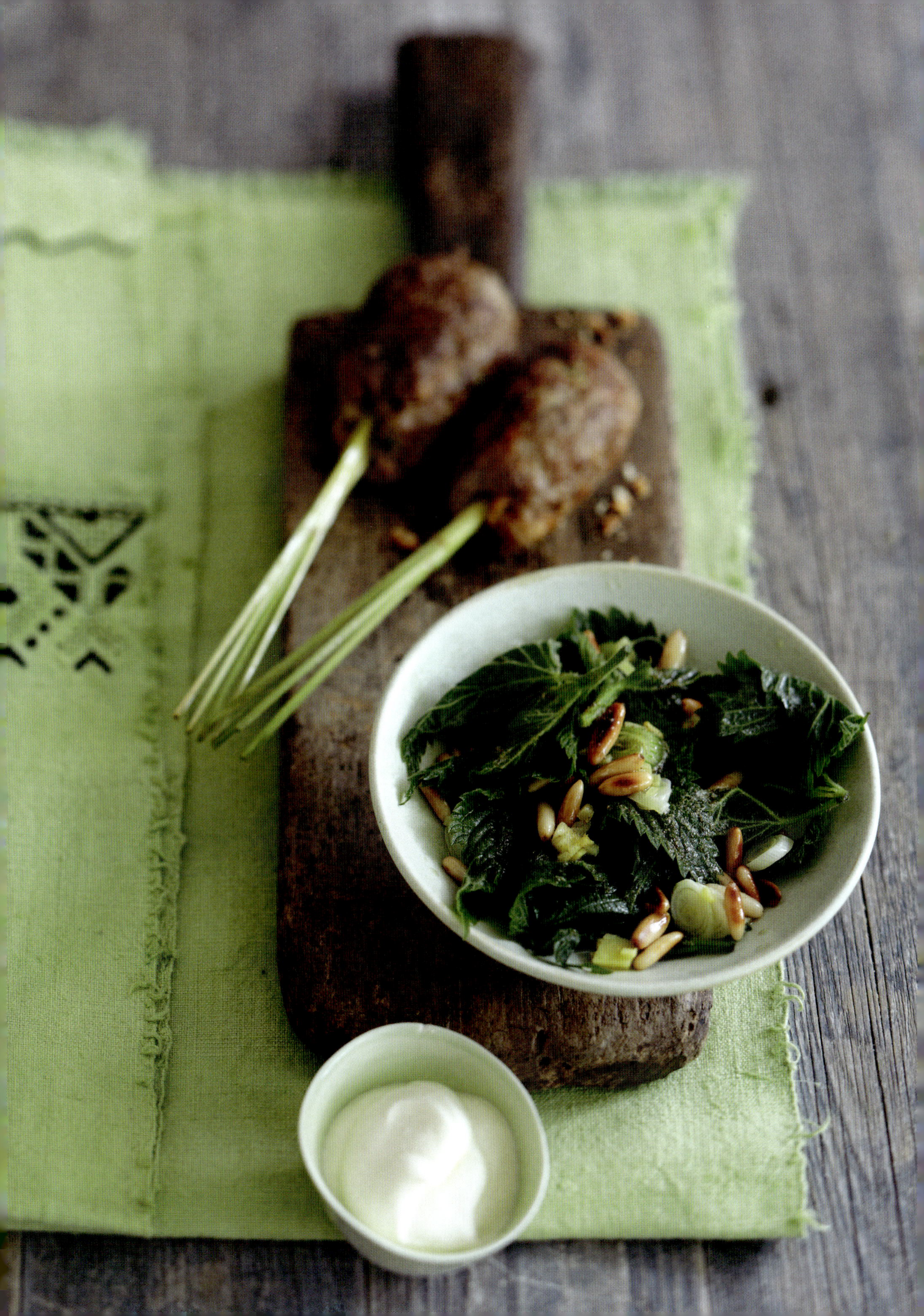

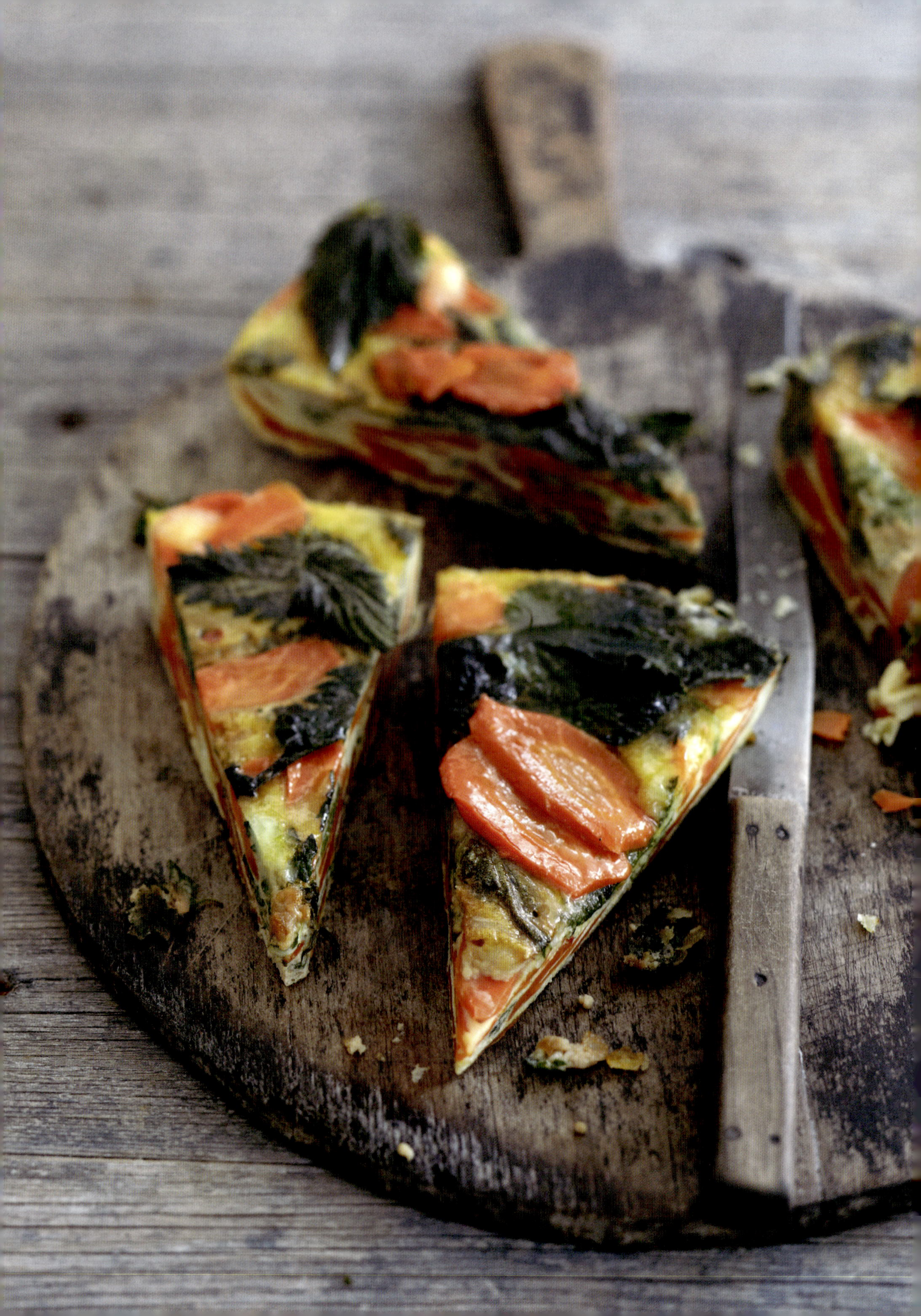

Brennnessel-Frittata

Für 4 Personen
Zubereitungszeit: 20 Minuten
plus 15 Minuten Garzeit

750 g Karotten (Möhren)
150 g Brennnesselspitzen
100 g Pecorino
1 unbehandelte Limette
8 Eier
4 EL Milch
1 gehäufter TL scharfer Curry
Salz, Pfeffer
2 EL Olivenöl

Die Karotten schälen und schräg in feine Scheiben schneiden. Die Brennnesselspitzen waschen (dabei Einmalhandschuhe tragen) und in einem Sieb abtropfen lassen oder mit einem Tuch trocken tupfen. Den Pecorino fein reiben. Die Limette waschen, abtrocknen und die Schale dünn abreiben.

Eier, Milch, Limettenschale, Curry, Salz und Pfeffer verquirlen. Den Pecorino unterrühren.

Das Olivenöl in einer beschichteten Pfanne erhitzen. Die Karotten darin etwa 5 Minuten braten. Die Brennnesseln hinzufügen und kurz unterrühren. Mit Salz und Pfeffer würzen. Die Eier-Käse-Milch darübergießen und zugedeckt etwa 15 Minuten bei geringer Hitzezufuhr stocken lassen.

Brennnessel-Gnocchi

Für 4 Personen
Zubereitungszeit: 1 Stunde

750 g mehlig kochende Kartoffeln
100 g Brennnesselspitzen
1 Eigelb
110 g Mehl
50 g Hartweizengrieß
Salz, Pfeffer
frisch geriebener Muskat
100 g Butter
80 g Mandelblättchen
100 g Parmesan

Die Kartoffeln waschen und mit der Schale in Wasser etwa 25 Minuten kochen. Dann abgießen, schälen und noch warm durch die Kartoffelpresse drücken.

Die Brennnesselspitzen waschen (dabei Einmalhandschuhe tragen) und in einem Sieb abtropfen lassen oder mit einem Tuch trocken tupfen.

Eigelb, Mehl, Grieß, etwas Salz, Pfeffer und Muskat zu den Kartoffeln geben und unterkneten. Die Arbeitsfläche mit Mehl bestäuben und den Teig zu daumendicken Rollen formen. Diese in 1½ cm große Stücke schneiden.

Die Gnocchi in 2 Portionen in reichlich kochendes und gesalzenes Wasser geben und kurz darin garen, bis die Gnocchi nach oben steigen. Mit einer Schöpfkelle herausnehmen und in gesalzenem Eiswasser abschrecken. Herausnehmen und abtropfen lassen.

50 g Butter erhitzen. Die Mandelblättchen hinzufügen und unter Rühren hellbraun braten. Die Gnocchi darin unter Wenden anbraten.

In einer zweiten Pfanne die restliche Butter erhitzen. Die Brennnesseln darin kurz schwenken, bis sie zusammengefallen sind. Mit Salz und Pfeffer würzen. Zu Brennnesseln und Gnocchi geriebenen Parmesan servieren.

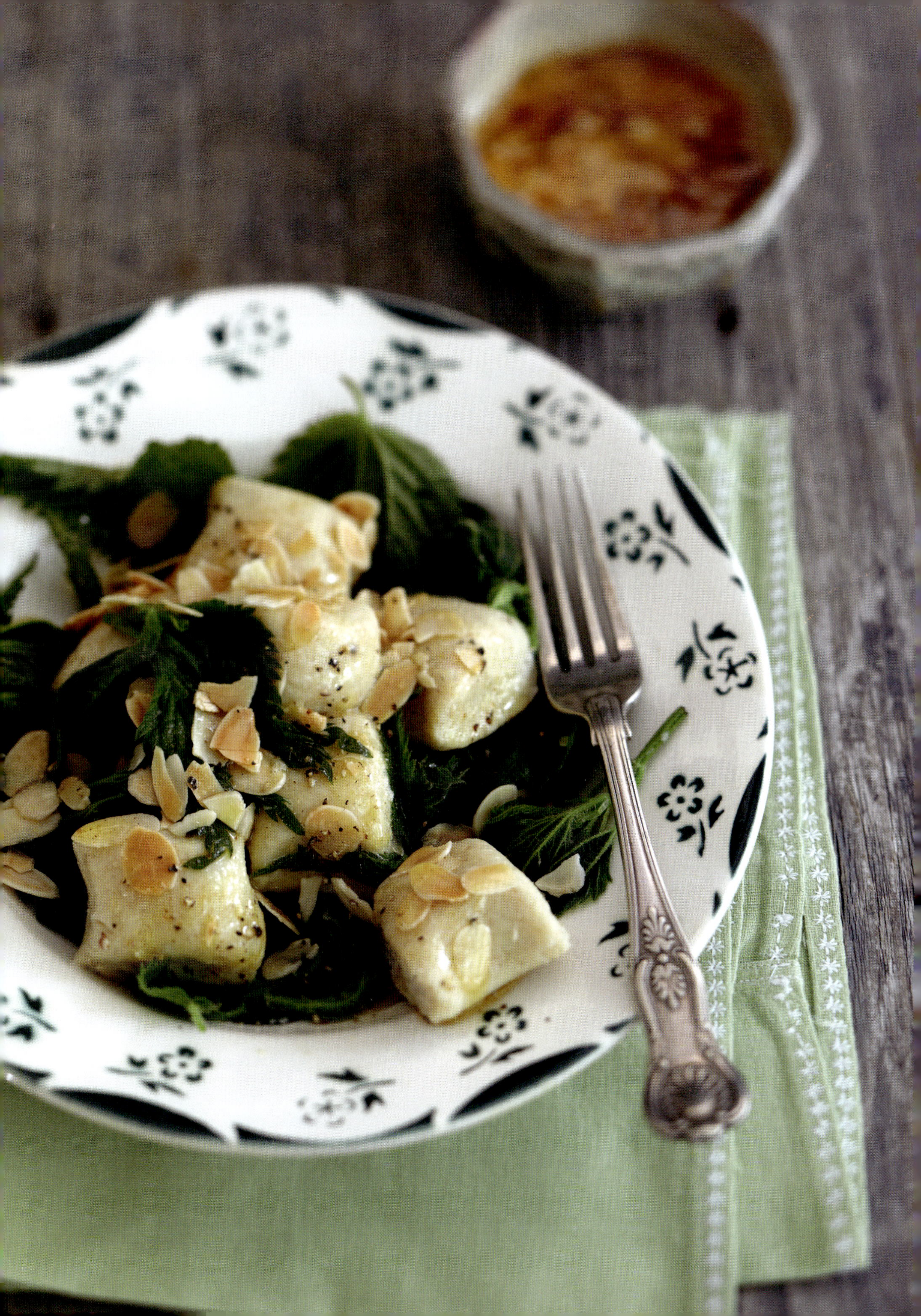

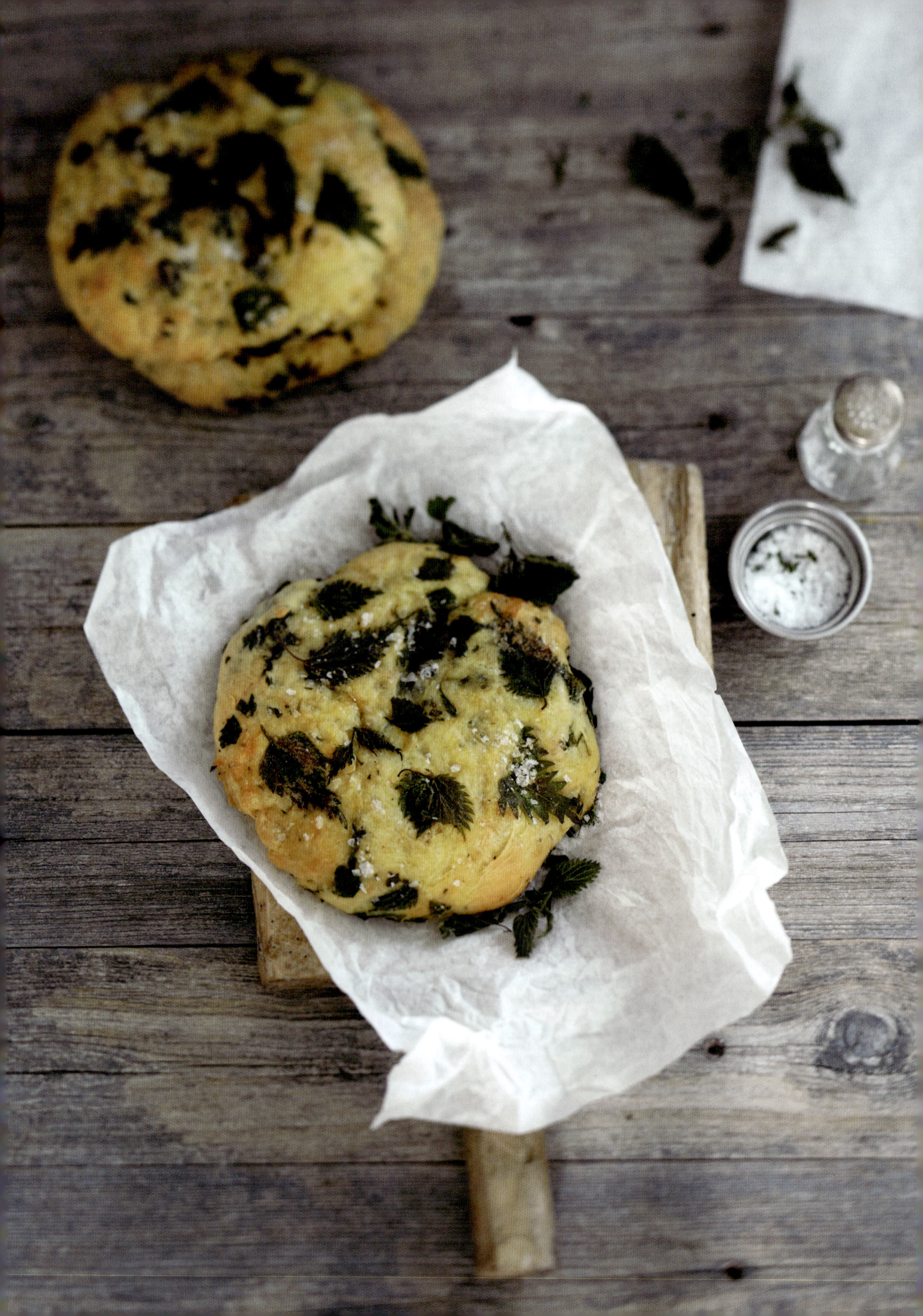

Brennnesselbrot

Für 2 Brote
Zubereitungszeit: 80 Minuten
plus 1 Stunde Ruhezeit und
ca. 20 Minuten Backzeit

3 Zweige Rosmarin
600 g Mehl
1 gehäufter TL Salz
10 g frische Hefe
400 ml lauwarmes Wasser
1 TL Zucker
100 ml Olivenöl
75 g Brennnesselspitzen
1 gehäufter TL Meersalz

Die Rosmarinnadeln von den Stielen zupfen und hacken.

Mehl, Salz und gehackte Rosmarinnadeln in eine Schüssel geben und mischen. Die Hefe in lauwarmes Wasser bröckeln, den Zucker hinzufügen und verrühren. Hefegemisch mit den Knethaken des Handrührgeräts unter das Mehl kneten. 3 EL Olivenöl hinzufügen und unterkneten. Den Teig in eine große Plastikschüssel mit verschließbarem Deckel geben und über Nacht im Kühlschrank oder bei Zimmertemperatur etwa 1 Stunde zugedeckt gehen lassen.

Die Brennnesselspitzen waschen (dabei Einmalhandschuhe tragen) und in einem Sieb abtropfen lassen oder mit einem Tuch trocken tupfen. Von den Brennnesselspitzen die einzelnen Blätter abzupfen und unter den Teig kneten. Teig in 2 Portionen teilen. Den Ofen auf 230 Grad (Umluft 210 Grad) vorheizen. Den Teig mit leicht bemehlten Händen zu flachen Broten formen.

Die Brote auf ein mit Backpapier belegtes Backblech legen. Mit Meersalz bestreuen und mit dem restlichen Olivenöl beträufeln. 10 Minuten gehen lassen. Den Ofen auf 200 Grad (Umluft 180 Grad) herunterschalten. Anschließend die Brote auf der untersten Schiene 20–23 Minuten backen.

Die Brote etwas abkühlen lassen und am besten noch lauwarm servieren.

Brunnenkresse-Drink

Für 4 Personen
Zubereitungszeit: 10 Minuten

50 g Brunnenkresse
3–4 große Orangen
2 EL Honig
½ TL Salz
700 g griechischer Joghurt

Die Brunnenkresse waschen und in einem Sieb abtropfen lassen oder mit einem Tuch trocken tupfen. Die Blätter abzupfen und in feine Streifen schneiden.

Die Orangen auspressen (es sollte etwa 300 ml Saft ergeben). Orangensaft, Honig, Salz und Joghurt in einen Mixer geben und pürieren. Die Brunnenkresse unterrühren.

Den Drink mit Eiswürfeln servieren und sofort genießen, sonst verwässert er.

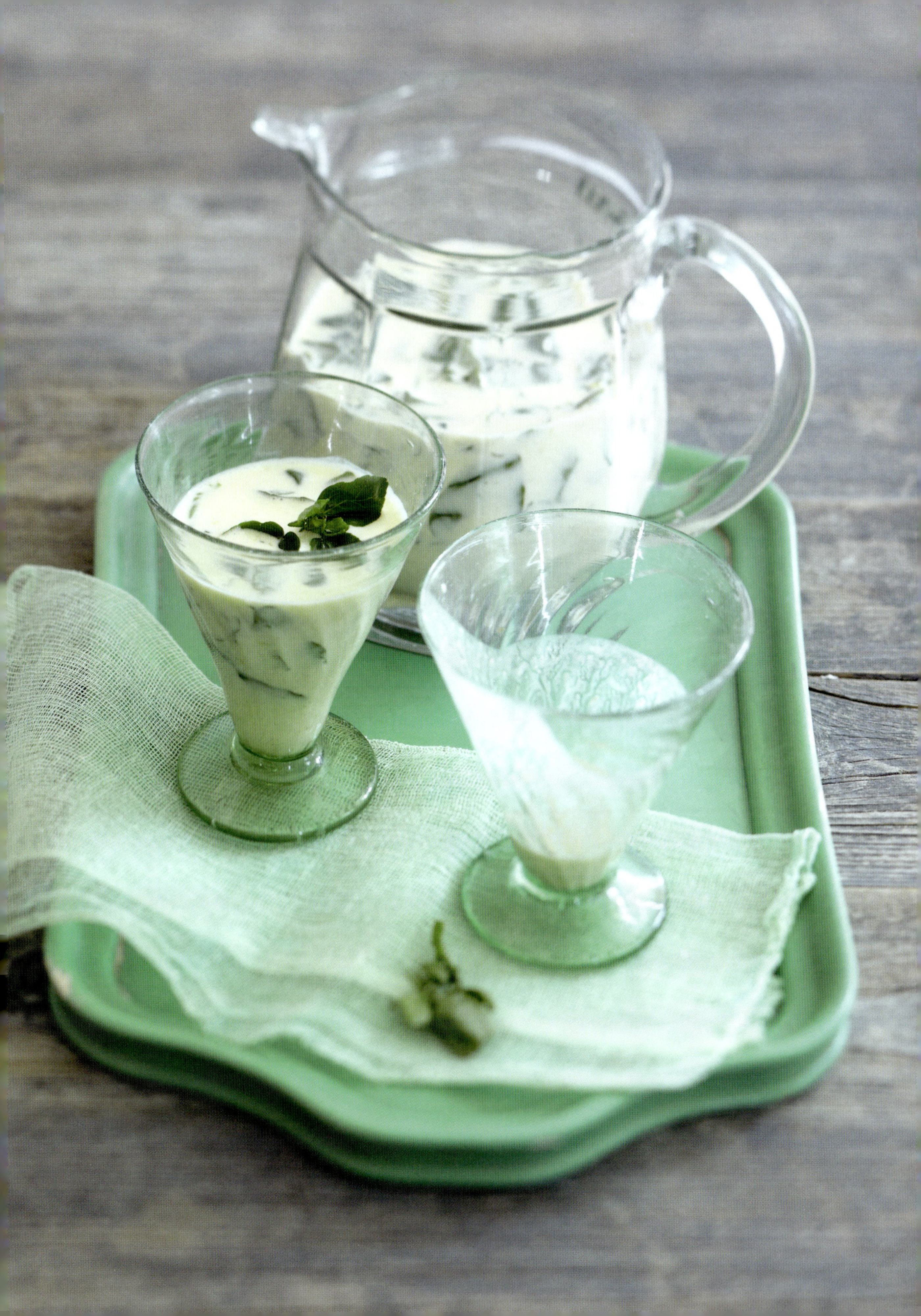

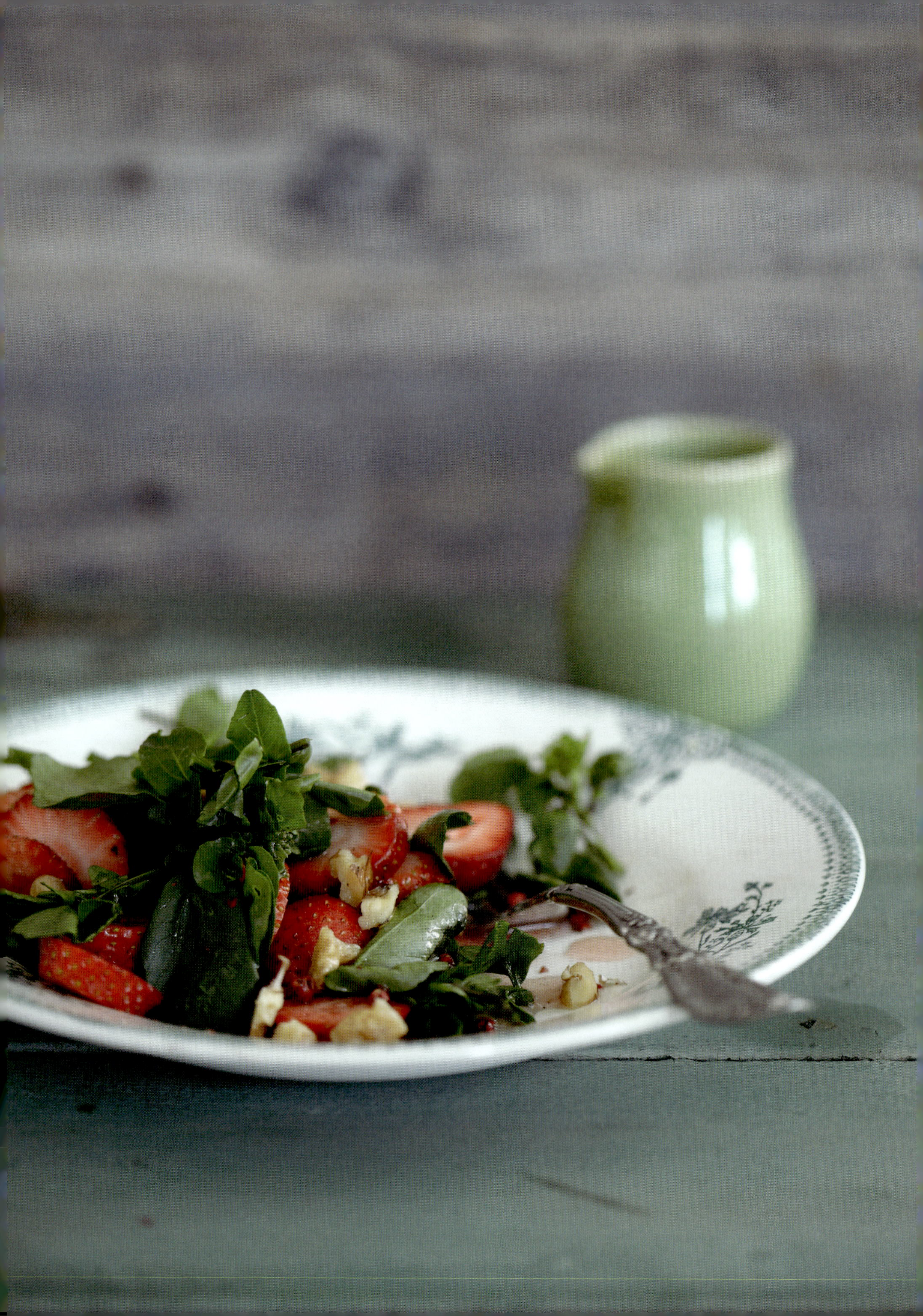

Brunnenkressesalat mit Erdbeeren

Für 4 Personen
Zubereitungszeit: 20 Minuten

120 g Brunnenkresse
500 g Erdbeeren
5 EL Rosenessig (siehe Seite 128) oder Himbeeressig
Salz
2 TL Akazienhonig
5 EL Walnussöl
50 g Walnüsse
1–2 TL rosa Pfefferkörner

Die Brunnenkresse waschen und in einem Sieb abtropfen lassen oder mit einem Tuch trocken tupfen. Die Blätter grob von den Stielen zupfen.

Die Erdbeeren waschen, putzen und in Scheiben schneiden. 75 g davon mit Rosenessig, Salz und Akazienhonig pürieren. Das Walnussöl unterrühren.

Die Walnüsse grob hacken und in einer beschichteten Pfanne goldbraun rösten. Brunnenkresse und Erdbeeren mit der Vinaigrette mischen und mit gehackten Walnüssen und grob zerstoßenen rosa Pfefferkörnern anrichten. Dazu schmeckt frisches oder geröstetes Landbrot sehr gut.

Brunnenkresse-Involtini

Für 4 Personen
Zubereitungszeit: 30 Minuten

2 Hähnchenbrustfilets à 200 g
6 kleine getrocknete Tomaten
120 g Brunnenkresse
120 g cremiger Schafskäse
Salz, Pfeffer aus der Mühle
8 hauchfeine Scheiben
　 Serranoschinken
3 EL Olivenöl
3 Eigelb
2 TL Limettensaft
1 Prise Zucker
200 ml Marsala

Die Hähnchenbrustfilets waagerecht in jeweils 4 Scheiben schneiden. Die Scheiben in Gefrierbeutel legen und mit einer Pfanne oder einem Topf flach klopfen.

Die Tomaten fein würfeln. Mit kochend heißem Wasser überbrühen, 5 Minuten darin liegen lassen und abtropfen lassen.

Die Brunnenkresse waschen und in einem Sieb abtropfen lassen oder mit einem Tuch trocken tupfen. Die Blätter abzupfen und ⅓ davon grob schneiden. Den Schafskäse mit Tomaten und Brunnenkresse mischen. Die Hähnchenbrustscheiben mit Salz und Pfeffer würzen. Die Schafskäsemasse daraufgeben. Aufrollen und die Involtini mit jeweils einer Scheibe Serranoschinken umwickeln.

Das Olivenöl in einer Pfanne erhitzen und die Involtini darin rundherum 6–7 Minuten braten. Warm stellen.

Eigelbe und Limettensaft in eine Metallschüssel geben. Mit Salz, Pfeffer und Zucker würzen und über dem heißen Wasserbad aufschlagen. Dabei nach und nach Marsala hinzugießen, bis eine feinporige cremige Sauce entstanden ist. Die Involtini mit der restlichen Brunnenkresse anrichten und mit der Sauce servieren.

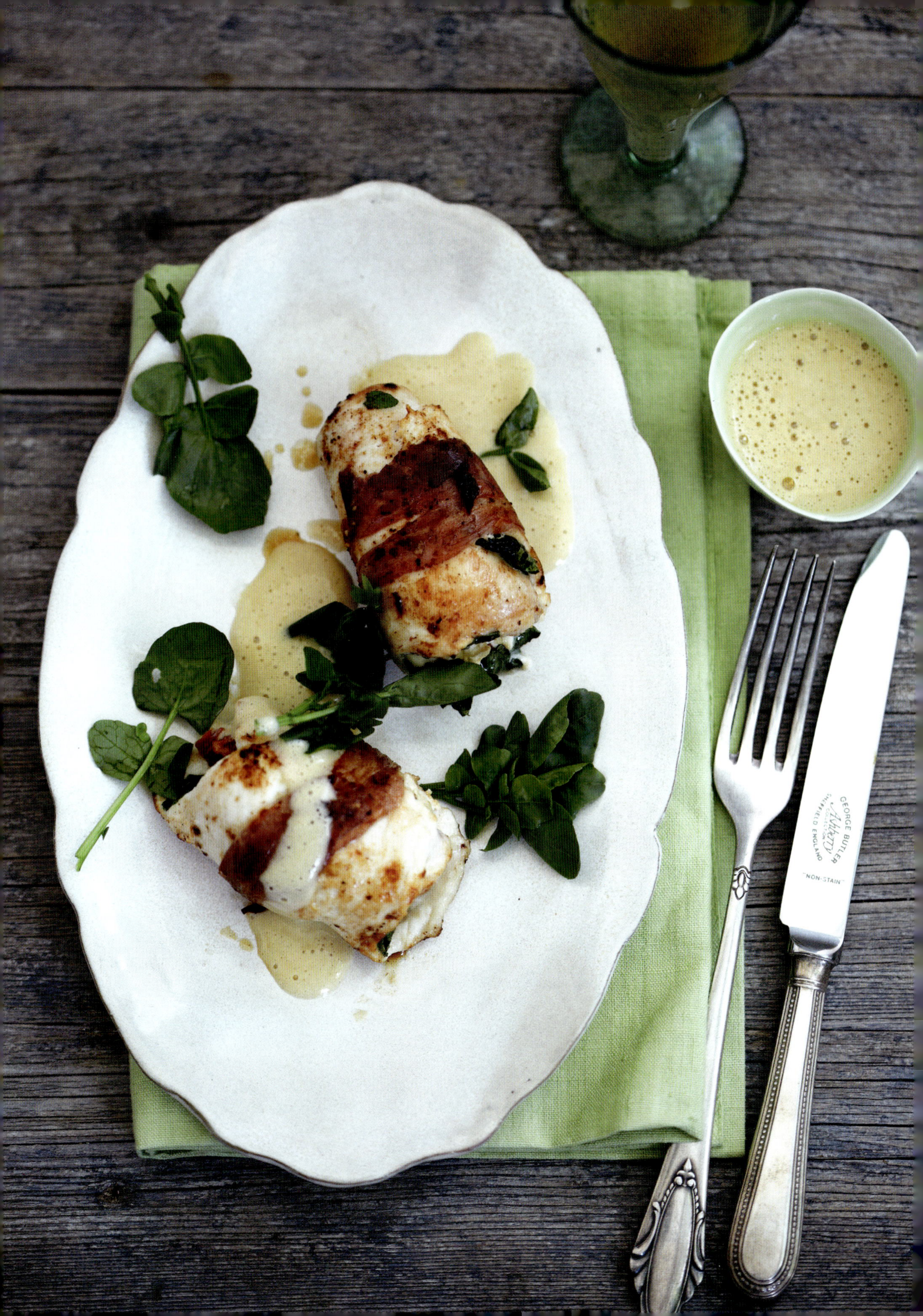
GEORGE BUTLER
"NON-STAIN"

Brunnenkresse-Aïoli
mit Kartoffelspalten

Für 4 Personen
Zubereitungszeit: 20 Minuten
plus 35 Minuten Garzeit
der Kartoffeln

800 g Kartoffeln
grobes Meersalz
3 EL Olivenöl
1 Ei
1 Eigelb
1 TL Senf
150 ml Sonnenblumenöl
100 ml Olivenöl
Salz
150 g Schmand
   (Crème fraîche)
2 TL Zitronensaft
½ TL Zucker
50 g Brunnenkresse

Die Kartoffeln schälen und in Spalten schneiden. Die Kartoffeln auf ein Backblech legen, mit Meersalz bestreuen und Olivenöl beträufeln. Im vorgeheizten Ofen bei 200 Grad (Umluft 180 Grad) etwa 35 Minuten backen.

Ei, Eigelb, Senf, Sonnenblumenöl, Olivenöl und Salz in ein hohes, sehr schmales Gefäß geben, der Pürierstab sollte gerade genug Platz haben – das ist wichtig bei dieser Art der Zubereitung. Den Pürierstab auf den Boden setzen, einschalten und ganz langsam nach oben ziehen – so entsteht in Sekundenschnelle eine homogene Masse. Schmand, Zitronensaft und Zucker kurz unterrühren.

Die Brunnenkresse waschen und in einem Sieb abtropfen lassen oder mit einem Tuch trocken tupfen. Die Brunnenkresseblätter von den Stielen zupfen und fein schneiden. Unter die Aïoli rühren. Mit den Kartoffelspalten anrichten.

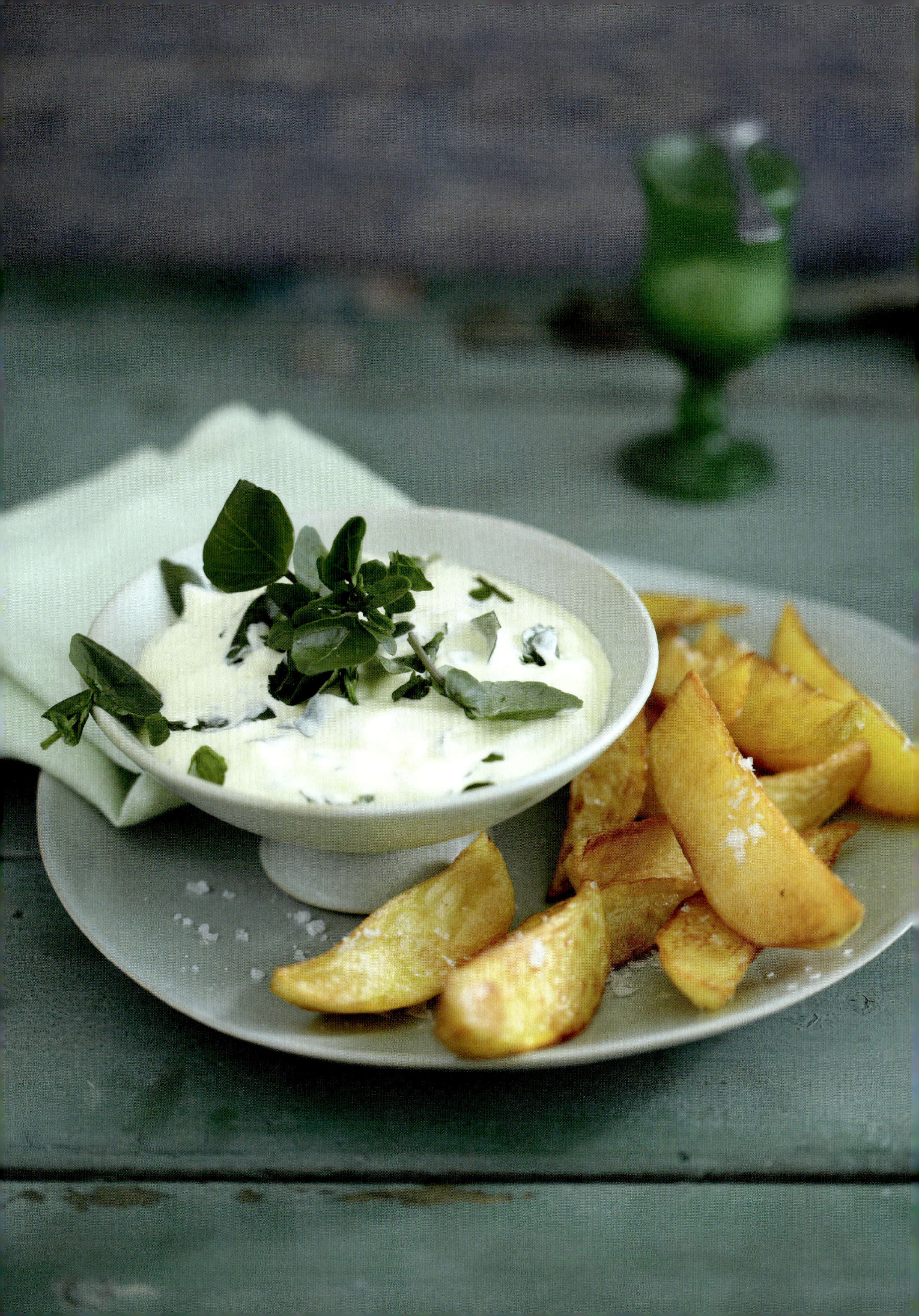

Löwenzahnsalat mit gebratenen Äpfeln

Für 4 Personen
Zubereitungszeit: 30 Minuten

30 junge, zarte Löwenzahnblätter
2 Handvoll zarte hellgrüne Gierschblätter
2 Frühlingszwiebeln
8 EL Olivenöl
1 gehäufter TL Senf
1 EL Honig
4 EL Himbeeressig
Salz, Pfeffer aus der Mühle
2 säuerliche Äpfel (z. B. Elstar oder Jonagold)
100 g Frühstücksspeck
4 Eier
30 g Butter

Löwenzahn und Giersch waschen und in einem Sieb abtropfen lassen oder mit einem Tuch trocken tupfen. Die Frühlingszwiebeln waschen, putzen und in feine Ringe schneiden.

6 EL Olivenöl, Senf, Honig, Himbeeressig, Salz und Pfeffer zu einer Vinaigrette verrühren.

Die Äpfel waschen, das Kerngehäuse ausstechen. Die Äpfel in feine Scheiben schneiden.

Den Speck in feine Streifen schneiden. Die Eier in kochendem Wasser 6–7 Minuten wachsweich kochen. In einer Pfanne den Speck mit 2 EL Olivenöl knusprig braten. Herausnehmen. Die Butter hinzufügen und die Apfelscheiben darin rundherum 3–4 Minuten braten.

Die Salatzutaten in eine Schale geben. Mit der Vinaigrette beträufeln und alles vorsichtig mischen. Die Eier kurz abschrecken, schälen, halbieren und auf dem Salat anrichten.

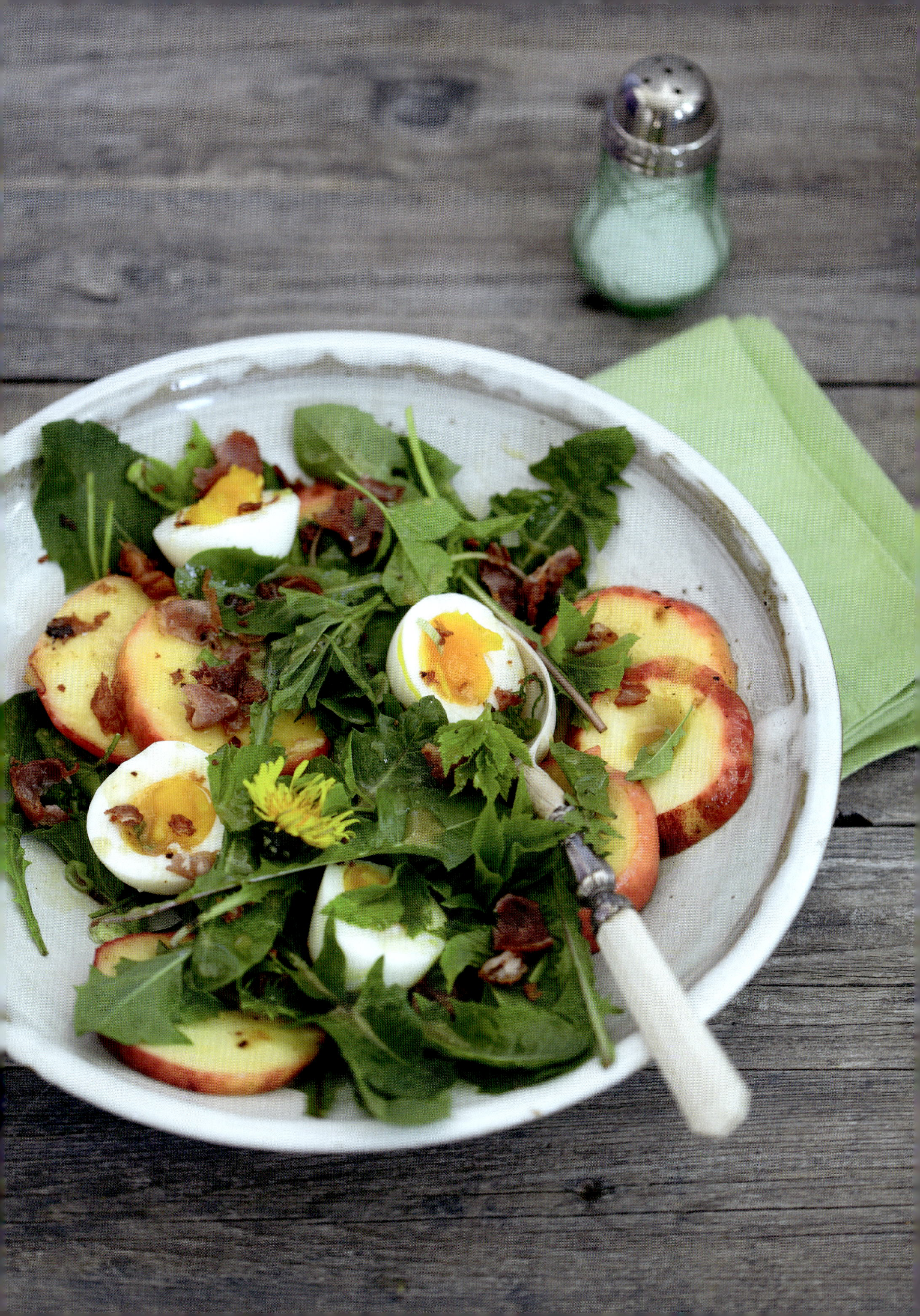

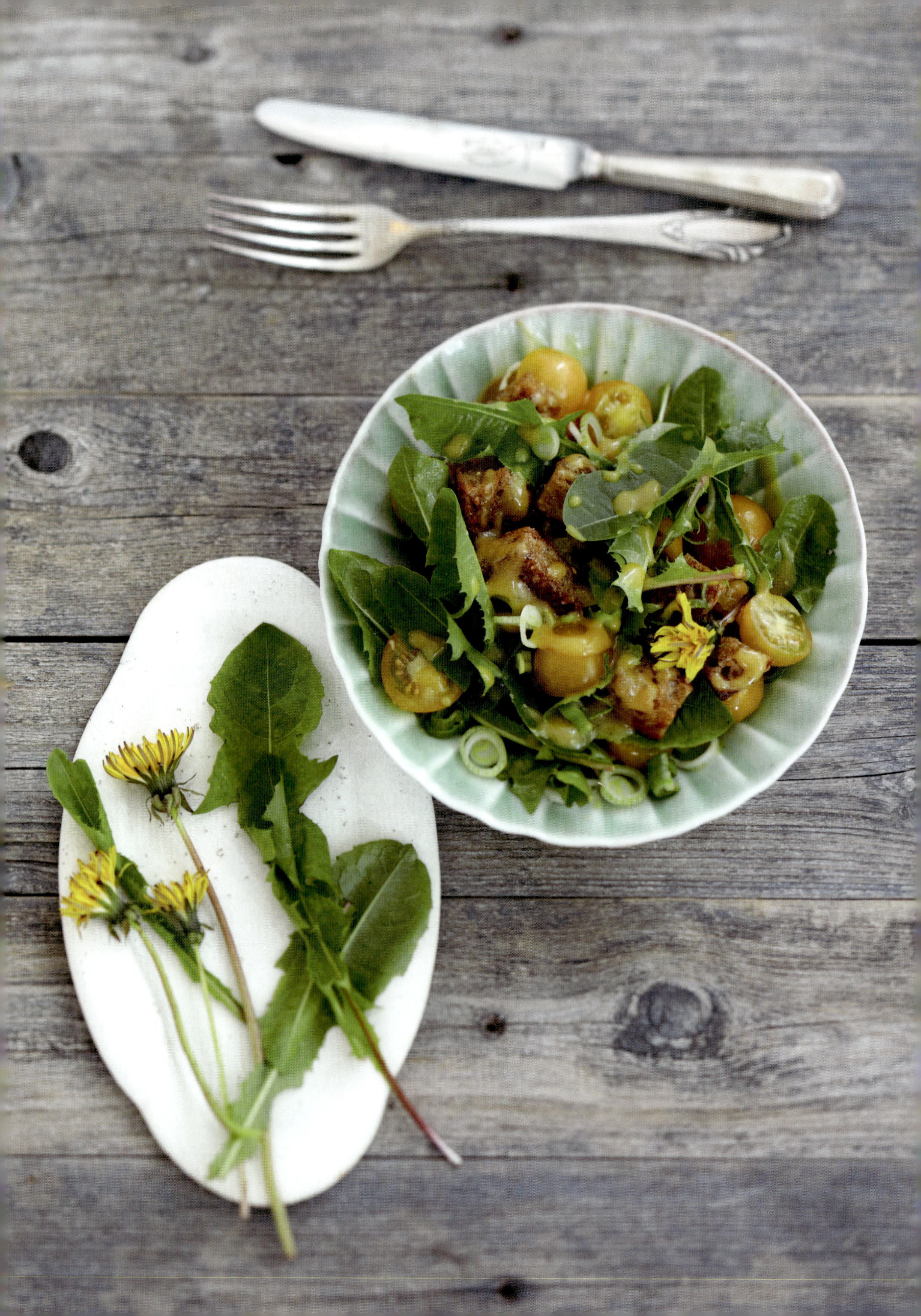

Löwenzahn-Brot-Salat

Für 4 Personen
Zubereitungszeit: 30 Minuten

30 junge, zarte Löwen-
  zahnblätter
250 g gelbe Cherrytomaten
2 Frühlingszwiebeln
1 kleine Orange
½ Limette
12 EL Olivenöl
2 EL Dijonsenf
2 EL Ahornsirup
Salz, Pfeffer aus der Mühle
300 g rustikales Sauerteigbrot

Die Löwenzahnblätter waschen und in einem Sieb abtropfen lassen oder mit einem Tuch trocken tupfen. Die Tomaten waschen und halbieren. Die Frühlingszwiebeln waschen, putzen und in feine Ringe schneiden.

Orange und Limette auspressen. 7 EL Olivenöl, Senf, Ahornsirup, Orangen- und Limettensaft, Salz und Pfeffer zu einer Vinaigrette verrühren.

Das Brot in 2 cm große Würfel schneiden. Die Brotwürfel auf ein Backblech legen, mit 5 EL Olivenöl beträufeln und unter dem heißen Grill unter Wenden knusprig rösten. Achtung: Dabei stehen bleiben, zwischendurch für das Wenden das Backblech herausnehmen.

Brotwürfel, Löwenzahnblätter, Cherrytomaten und Frühlingszwiebeln in eine Schüssel geben. Mit der Vinaigrette beträufeln, vorsichtig mischen und gleich servieren.

Tipp:
Wer es deftig mag, brät zusätzlich 100 g Schinkenwürfel und hebt diese unter den Salat.

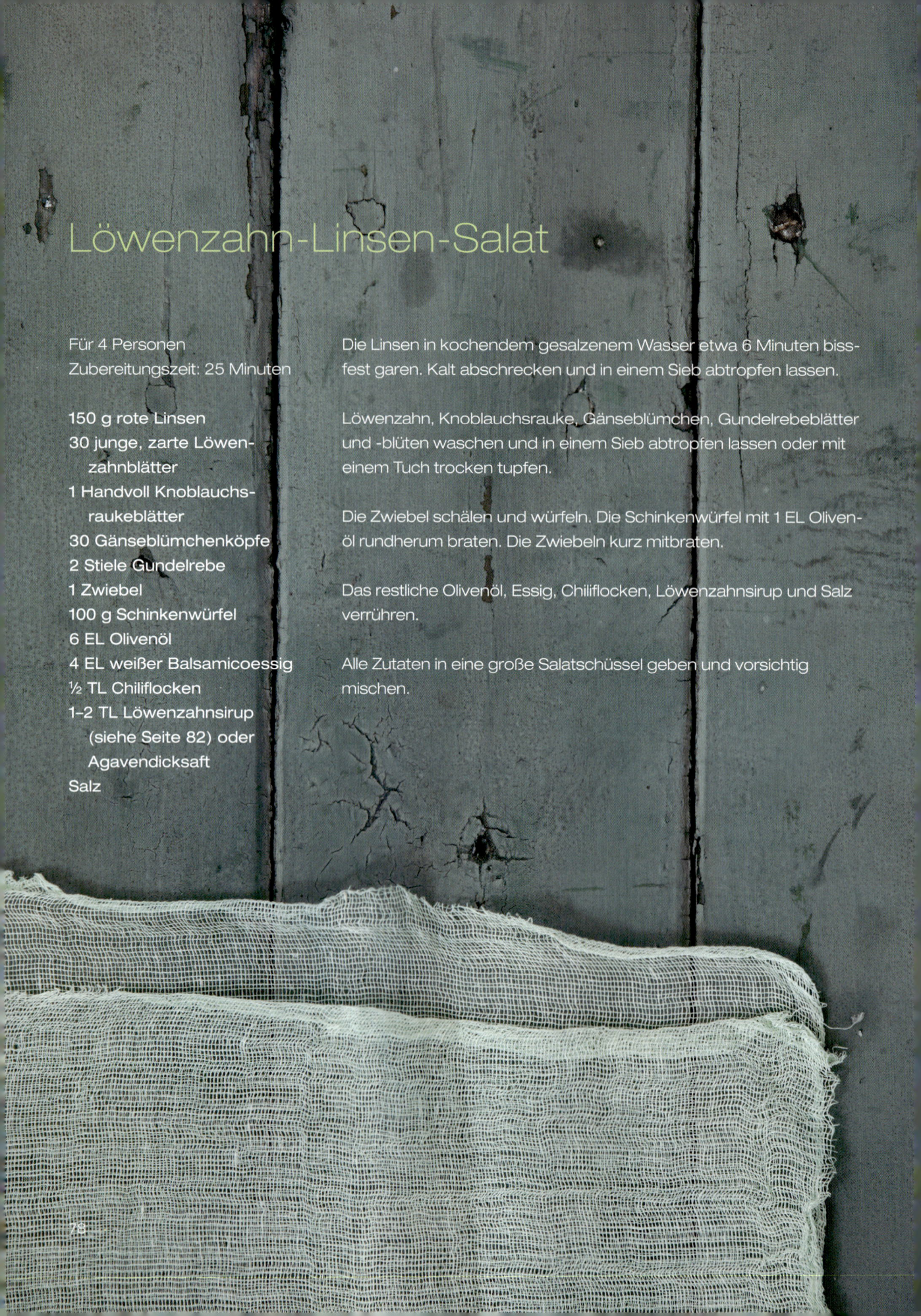

Löwenzahn-Linsen-Salat

Für 4 Personen
Zubereitungszeit: 25 Minuten

150 g rote Linsen
30 junge, zarte Löwen-
   zahnblätter
1 Handvoll Knoblauchs-
   raukeblätter
30 Gänseblümchenköpfe
2 Stiele Gundelrebe
1 Zwiebel
100 g Schinkenwürfel
6 EL Olivenöl
4 EL weißer Balsamicoessig
½ TL Chiliflocken
1–2 TL Löwenzahnsirup
   (siehe Seite 82) oder
   Agavendicksaft
Salz

Die Linsen in kochendem gesalzenem Wasser etwa 6 Minuten biss-fest garen. Kalt abschrecken und in einem Sieb abtropfen lassen.

Löwenzahn, Knoblauchsrauke, Gänseblümchen, Gundelrebeblätter und -blüten waschen und in einem Sieb abtropfen lassen oder mit einem Tuch trocken tupfen.

Die Zwiebel schälen und würfeln. Die Schinkenwürfel mit 1 EL Oliven-öl rundherum braten. Die Zwiebeln kurz mitbraten.

Das restliche Olivenöl, Essig, Chiliflocken, Löwenzahnsirup und Salz verrühren.

Alle Zutaten in eine große Salatschüssel geben und vorsichtig mischen.

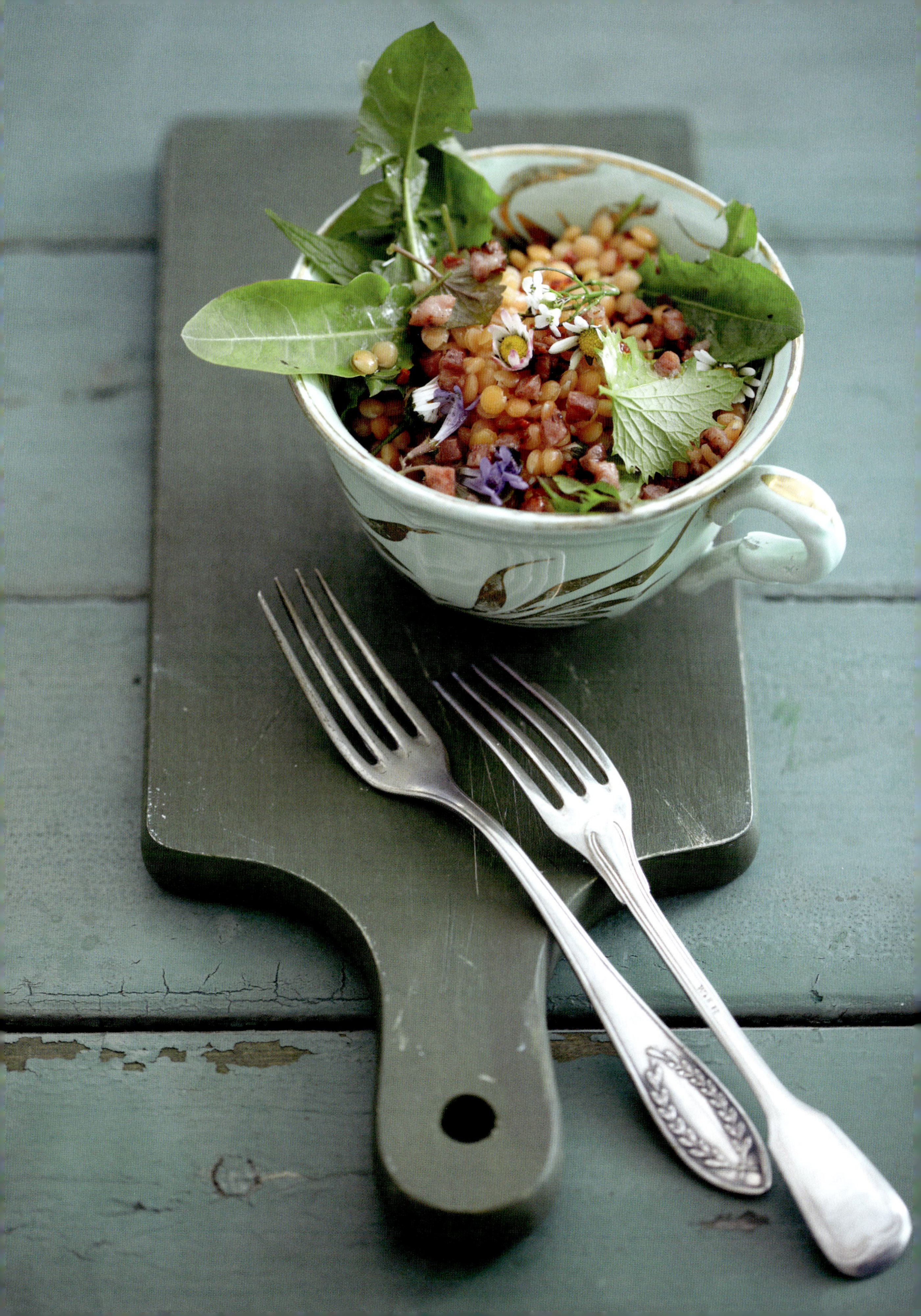

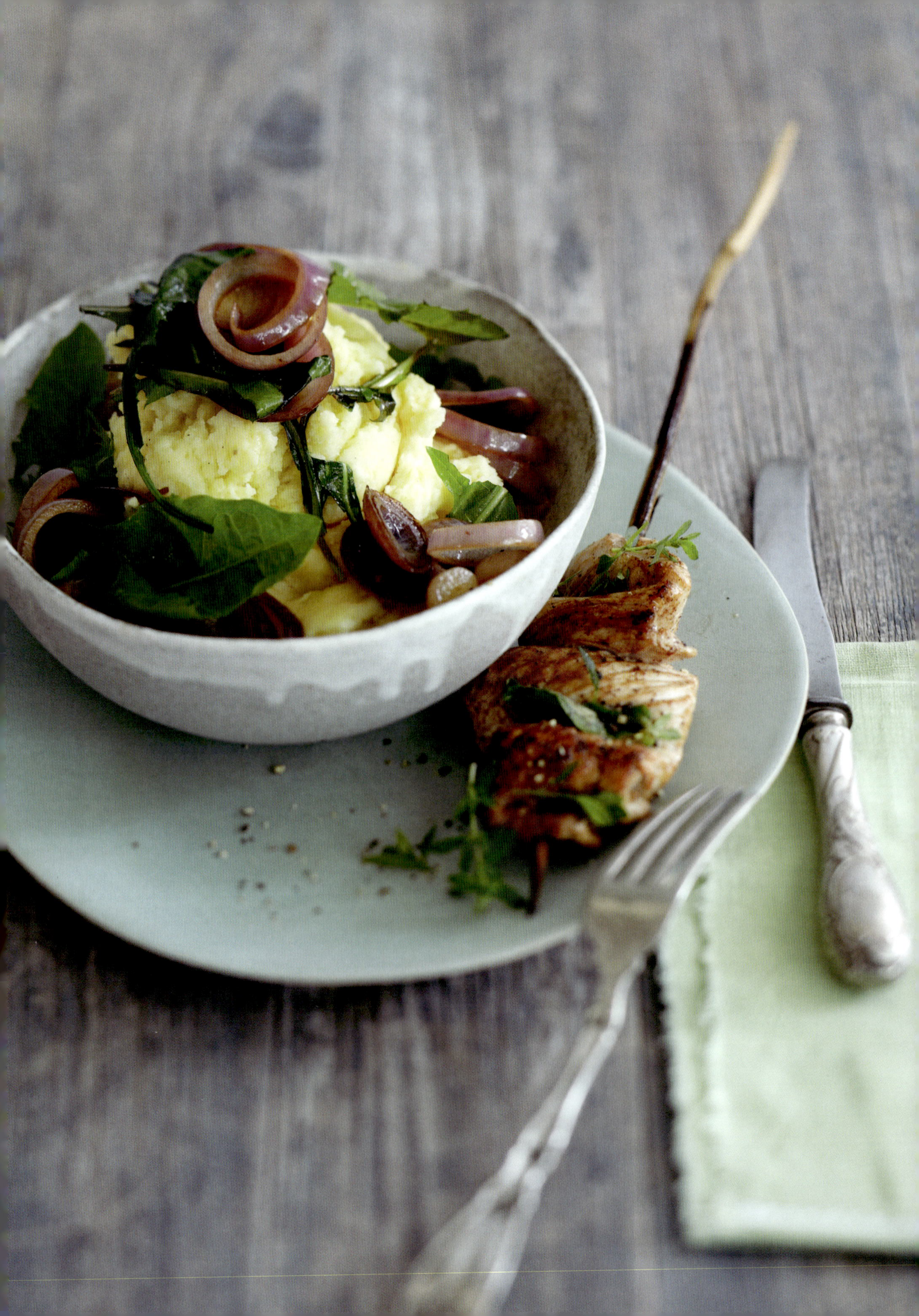

Kartoffelstampf mit Löwenzahn-Zwiebelringen und Putenspieß

Für 4 Personen
Zubereitungszeit: 45 Minuten

1 kg mehlig kochende
   Kartoffeln
500 g Putenbrust
10 Stiele Dost (Oregano)
10 Stiele wilder Thymian
1–2 Orangen (ergibt 125 ml
   Orangensaft)
3 EL Sojasauce
3 rote Zwiebeln
60 g Butter
20 zarte kleine Löwen-
   zahnblätter
3 EL Olivenöl
100 ml heiße Milch
Salz, Pfeffer aus der Mühle
Muskat
150 g Schmand
   (Crème fraîche)

Die Kartoffeln schälen und in leicht gesalzenem Wasser 20–25 Minuten kochen.

Die Putenbrust in 8 Scheiben schneiden. Dost und Thymian waschen und in einem Sieb abtropfen lassen oder mit einem Tuch trocken tupfen. Die Blätter von den Stielen zupfen und über die Putenbrustscheiben streuen. Die Orangen auspressen. Saft und Sojasauce verrühren. Die Putenbrustscheiben damit beträufeln und 15 Minuten marinieren lassen.

Die Zwiebeln schälen und in feine Ringe schneiden. Die Butter erhitzen und die Zwiebeln darin 5 Minuten kräftig braten, dabei wenden.

Den Löwenzahn waschen und in einem Sieb abtropfen lassen oder mit einem Tuch trocken tupfen.

Die Putenbrustscheiben auf einem Sieb abtropfen lassen. Die Marinade auffangen. Die Putenbrustscheiben nach Belieben auf Spieße stecken. Das Olivenöl in einer großen Pfanne erhitzen und das Fleisch darin rundherum 3–4 Minuten braten. Mit der Marinade ablöschen und diese fast einkochen lassen. Das Fleisch warm stellen.

Die Milch erhitzen. Die Kartoffeln abgießen und mit einem Kartoffelstampfer zerstampfen. Mit Salz, Pfeffer und Muskat würzen. Milch und Schmand hinzufügen und unterstampfen.

Die Löwenzahnblätter zu den Zwiebeln geben, kurz schwenken und auf dem Kartoffelstampf anrichten. Mit dem Fleisch servieren.

Löwenzahnschnecken

Für 10 Schnecken
Zubereitungszeit: 25 Minuten

1 unbehandelte Limette
250 g Magerquark
9 EL Löwenzahnsirup
   (Rezept siehe unten)
1 Ei
6 EL Öl
250 g Mehl
50 g Haferflocken
3 TL Backpulver
100 g Cranberrys
150 g Marzipanrohmasse
1 Eiweiß
50 g Mandelblättchen

Löwenzahnsirup
Zubereitungszeit: 20 Minuten
plus 24 Stunden Ruhezeit

2 Handvoll Löwenzahnblütenköpfe (100–130 g)
1 l Wasser
1 große unbehandelte Zitrone
1 Orange
350 g Zucker

Die Limette waschen, abtrocknen und die Schale dünn abreiben. Quark, 5 EL Löwenzahnsirup, Limettenschale, Ei und Öl verrühren. Mehl, Haferflocken und Backpulver mischen und unter die Quarkmasse kneten. Den Teig abdecken.

Die Cranberrys hacken. Cranberrys mit Marzipanrohmasse und dem restlichen Löwenzahnsirup verkneten.

Den Teig auf einer bemehlten Arbeitsfläche zu einem Rechteck von 30 x 20 cm ausrollen. Mit der Füllung bestreichen. Den Teig der Länge nach aufrollen. Die Rolle in 10 Scheiben schneiden. Die Schnecken auf ein mit Backpapier belegtes Backblech legen. Die Teigschnecken mit Eiweiß bestreichen und mit Mandelblättchen bestreuen. Im vorgeheizten Ofen bei 175 Grad (Umluft 160 Grad) auf der mittleren Schiene etwa 20 Minuten backen. Auf einem Kuchengitter fast abkühlen lassen und am besten noch lauwarm genießen.

Die Löwenzahnblütenköpfe mit Wasser übergießen und 24 Stunden zugedeckt ziehen lassen. Den Sud durch ein mit einem Mulltuch ausgelegtes Sieb gießen.

Die Zitrone waschen, abtrocknen und die Schale sehr dünn abschälen, sodass keine weiße Schale mit abgeschält wird. Zitrone und Orange auspressen. Den Löwenzahnsud mit Zucker, Zitronenschale, Zitronen- und Orangensaft in einen Topf geben und aufkochen. Den Sirup 2–3 Minuten köcheln lassen. Kochend heiß in kleine Flaschen füllen und diese sofort verschließen. Abkühlen lassen und im Kühlschrank aufbewahren.

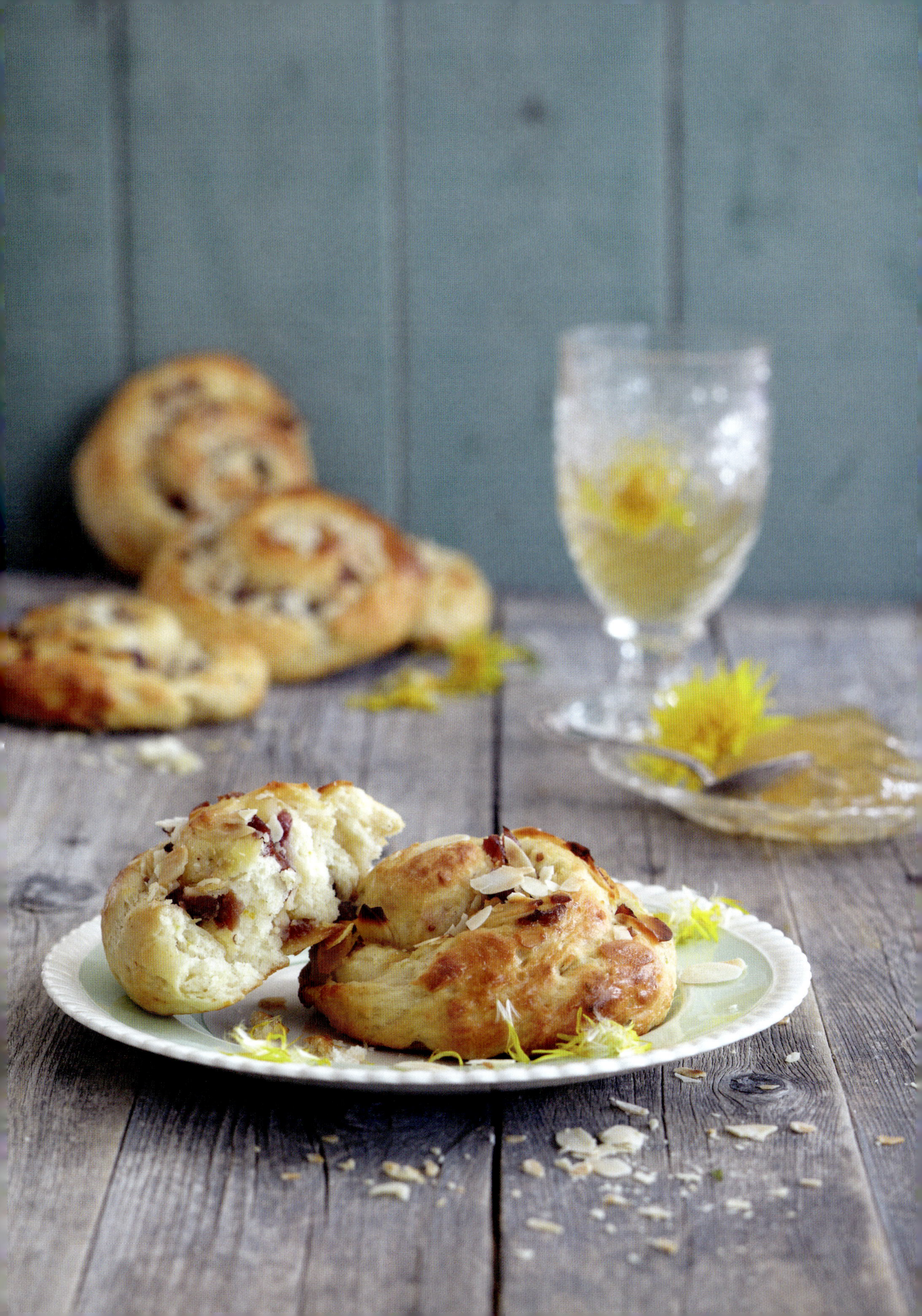

Herzfreude, Maiblume oder Waldmutterkraut sind alte Namen des Waldmeisters.

Wenn der Duft dieses Krauts durch die Lande zieht, dann ist Frühling und das Herz wird uns leicht. Die Wintermelancholie weicht den lichten Sonnentagen. Und wir freuen uns auf unbeschwerte Feste mit Maibowle und Tänzen rund um den Maienbaum.

Waldmeister

Bei uns zu Hause hieß der Waldmeister Maikraut. Oma Minna ging jedes Jahr, meist schon Ende April, in den Wald, um Maikraut zu ernten. Dann ließ sie das Maikraut trocknen, legte es zwischen alte Taschentücher und schnürte daraus ein kleines Paket, das sie zwischen die Kleidungsstücke im Schrank legte, um die Motten fernzuhalten. Wie liebte ich es, an ihrer Wäsche zu schnuppern! Dieser Schrank faszinierte mich sowieso, beherbergte er doch auch Hüte, Handschuhe und Schuhe aus Omas Jugend, mit denen es sich herrlich spielen ließ. So war ich schon als Kind dem betörenden Duft des Waldmeisters verfallen. Schuld daran ist das sogenannte Cumaringlykosid, das beim Trocknen des Waldmeisters einen herbsüßen Duft entfaltet. Wir kennen diesen Geruch auch vom Heu, wenn die Gräser zu welken beginnen.

Diese wunderbare Eigenschaft können wir uns auch für die Küche zunutze machen. Die Zauberformel ist, das Kraut etwas antrocknen zu lassen, bevor wir es verwenden. Erst dann können wir im Aroma des Waldmeisters schwelgen. Manche sagen auch, dass man Waldmeister am besten morgens erntet, um seinen Duft gut zu konservieren.

Das zarte und doch recht robuste Gewächs lässt sich im Wald einfach finden. Auf jeden Fall leichter als Bärlauch, der sich doch nur in gewissen Regionen wirklich wohlfühlt. Der Waldmeister jedoch sprießt munter in Buchen- und in Mischwäldern, denn er liebt nährstoffreiche Lauberde. Sobald das Blätterdach der Bäume im Mai zu grünen beginnt und dichter wird, verwelken die weißen Blüten des Waldmeisters langsam. Spätestens dann ist er nicht mehr zu verwerten. Grundsätzlich gilt: Für kulinarische Zwecke sollte der Waldmeister möglichst vor der Blüte und für Heilzwecke mit der Blüte gesammelt werden.

In meinem Garten habe ich auch einen Platz für den Waldmeister gefunden. Ist der »kleine Mann« doch fröhlich zwischen Rosen und Phlox herumgewandert und hat sich überall niedergelassen. Auf meinem eher wilden Grundstück hat er jetzt ein Areal zugewiesen bekommen, auf dem er tun und lassen kann, was er will.

Apropos »kleiner Mann«: In alten Kräuterbüchern ist der Waldmeister noch unter dem Namen »Herba matrisylvae« bekannt, was so viel wie »Waldmutterkraut« bedeutet. Damals legte man das Kraut, zusammen mit einigen anderen Kräutern, gebärenden Frauen ins Bett, um ihnen die Geburt zu erleichtern. Mutter und Kind sollten gestärkt und vor schlechten Einflüssen geschützt werden. Viele dieser »Frauenkräuter« sind im Laufe der Zeit in Vergessenheit geraten oder umbenannt worden, um der »modernen« Medizin den Weg zu öffnen. Welch ein Wunder, dass sie nun doch wieder alle ans Licht unseres Bewusstseins hervordringen.

Und wie in alten Zeiten ist es auch heute noch ein wunderbares Erlebnis, mit Proviant im Rucksack, dem Weidenkorb unter dem Arm, einer Schere und einem Pflanzenbestimmungsbuch in den Wald zu gehen, um für den Eigenbedarf zu ernten.

Als ich noch ein Kind war, feierten wir den 1. Mai immer draußen am Waldrand mit vielen anderen Familien. Die Erwachsenen holten sich Waldmeister aus dem Wald, ließen ihn antrocknen, gaben ihn in gekühlten Apfelwein und ließen ihn darin ziehen. Und schon war die hessische Maibowle fertig. Wir Kinder bekamen mit Waldmeisterkraut aromatisierten Apfelsaft. Mineralwasser brachte den herrlich sprudelnden Effekt.

Man sagt dem Waldmeister nach, dass er beruhigend wirkt, schwere Gedanken verscheucht und das Herz stärkt. Auch soll er Kopfschmerzen beseitigen, kann allerdings bei übermäßigem Genuss auch Kopfschmerzen erzeugen. Aber wir nutzen den Waldmeister hier nicht therapeutisch, sondern kulinarisch. Von einem Zuviel an Waldmeister-Granité haben wir jedenfalls noch nicht gehört. Davon kann man einfach nicht genug bekommen!

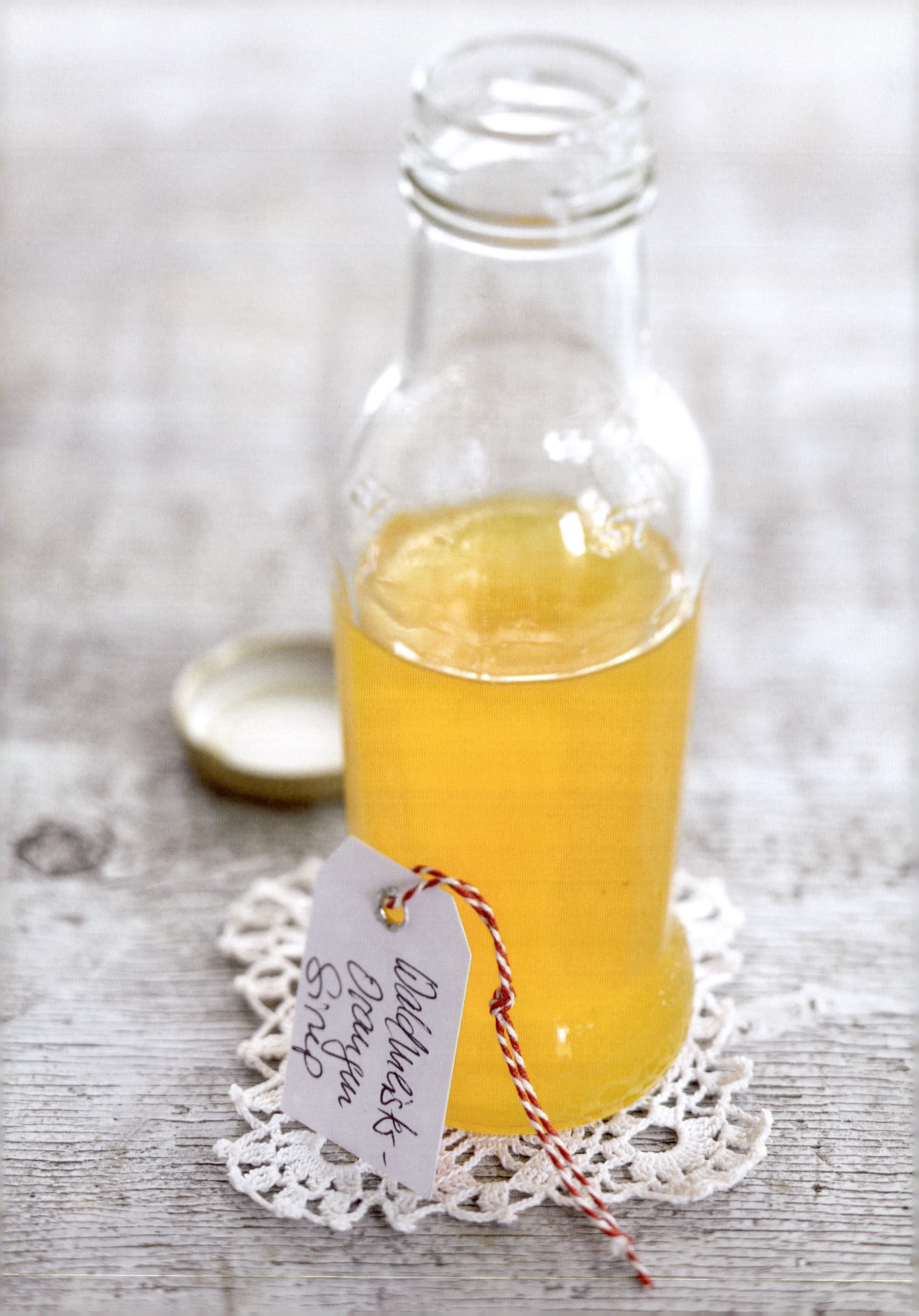
Waldmeister-
Orangen
Sirup

Waldmeistersirup

Für 500 ml Sirup
Zubereitungszeit: 30 Minuten
plus 6–8 Stunden Trockenzeit

100 g Waldmeister
 (30–40 Stiele)
6 unbehandelte Orangen
2 unbehandelte Limetten
40 g Ingwer
1 Päckchen Zitronensäure
250 g Zucker

Den Waldmeister waschen und in einem Sieb abtropfen lassen oder mit einem Tuch trocken tupfen. Den Waldmeister an den Stielen zu 4 kleinen Bund zusammenbinden und kopfüber mindestens 6–8 Stunden antrocknen lassen. Das ist wichtig, damit sich das Waldmeisteraroma entwickeln kann.

1 Orange und 1 Limette waschen, abtrocknen und die Schale jeweils sehr dünn abschälen, sodass keine weiße Schale mit abgeschält wird.

Orangen und Limetten auspressen. Den Ingwer schälen und in feine Scheiben schneiden. Orangensaft und -schale, Limettensaft und -schale, Ingwer, Zitronensäure und Zucker in einen Topf geben und aufkochen. Den angetrockneten Waldmeister hinzufügen und etwa 5 Minuten köcheln lassen. Den Sirup vom Herd nehmen und über Nacht ziehen lassen.

Den Sirup durch ein Sieb gießen, dabei den Waldmeister kräftig ausdrücken. Den Sirup zurück in den Topf geben und noch einmal aufkochen. Kochend heiß in 2 kleine Flaschen füllen und diese sofort verschließen.

Schupfnudeln mit Erdbeer-Waldmeister-Salat

Für 4 Personen
Zubereitungszeit: 1 Stunde

750 g mehlig kochende
 Kartoffeln
500 g Erdbeeren
8 EL Waldmeistersirup
 (siehe Seite 89)
2–3 Stiele Gundelrebe
12 Gänseblümchenblüten
3 Eigelb
50 g Mehl
Salz
50 g Mandelblättchen
50 g Butter
2 Päckchen Vanillezucker

Die Kartoffeln schälen und in leicht gesalzenem Wasser etwa 25 Minuten kochen.

Inzwischen die Erdbeeren waschen, den Blütenansatz abschneiden und die Erdbeeren in Scheiben schneiden. 100 g davon in einen hohen Rührbecher geben und mit dem Waldmeistersirup pürieren. Gundelrebe und Gänseblümchen waschen und in einem Sieb abtropfen lassen oder mit einem Tuch trocken tupfen.

Die Kartoffeln abgießen und durch die Kartoffelpresse drücken. Abkühlen lassen. Eigelbe, Mehl und Salz unterkneten. Die Kartoffelmasse auf einer bemehlten Arbeitsfläche zu 2 Rollen formen. Die Rollen in 4 cm lange Stücke schneiden. Die Stücke zu fingerlangen Rollen formen. In einem großen Topf Wasser mit etwas Salz zum Kochen bringen.

Die Erdbeeren mit dem Erdbeer-Waldmeister-Püree mischen. Gundelrebe und Gänseblümchen darübergeben. Die Mandelblättchen in einer beschichteten Pfanne unter Wenden goldbraun rösten. Die Schupfnudeln portionsweise im kochenden Wasser gar ziehen lassen, bis sie nach oben steigen.

Die Butter in einer Pfanne erhitzen. Die Schupfnudeln mit einer Schaumkelle herausheben und abtropfen lassen. In die Pfanne geben. Mit Vanillezucker betreuen und rundherum anbraten. Mit dem Erdbeer-Waldmeister-Salat servieren. Nach Belieben mit Waldmeister verzieren.

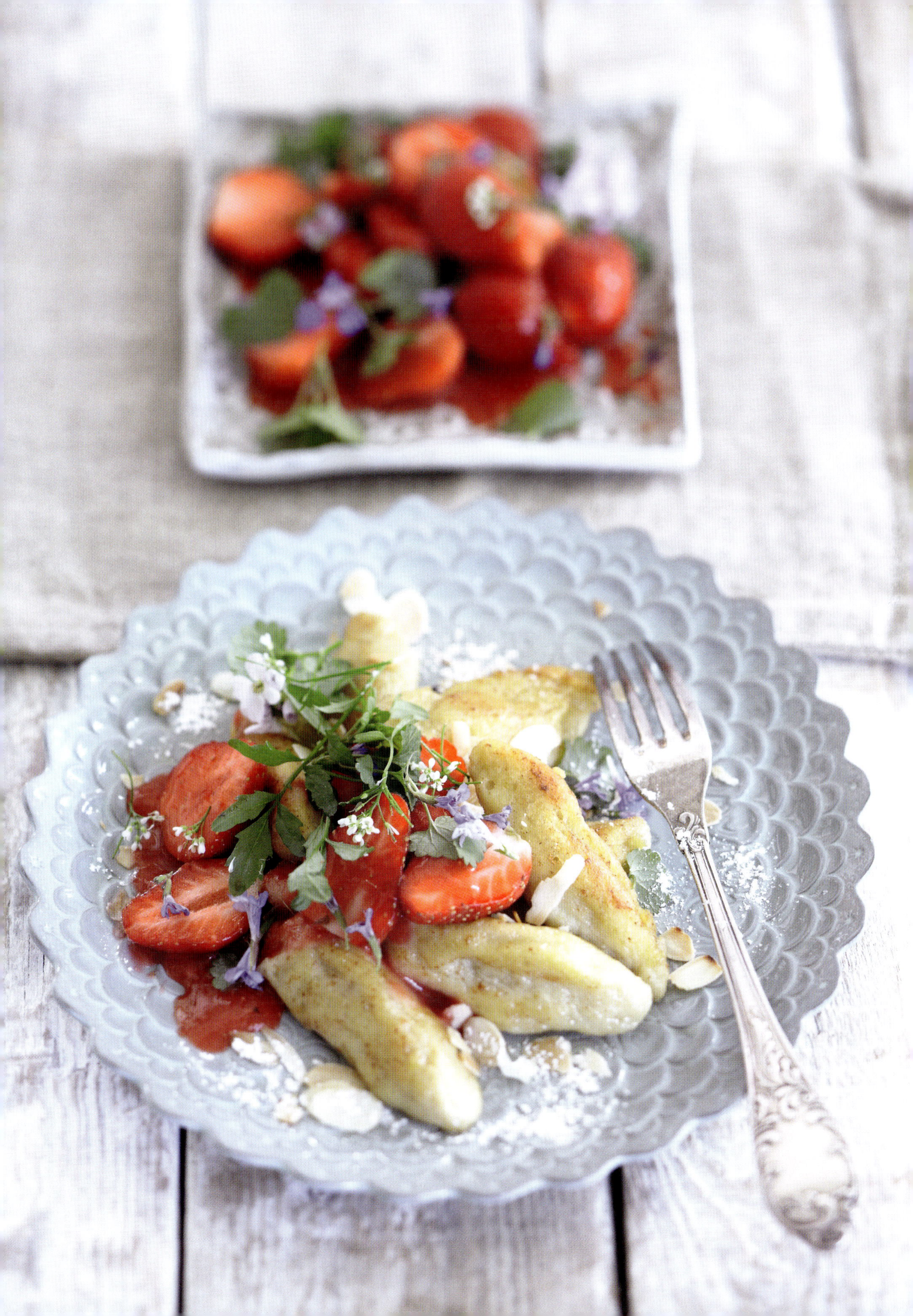

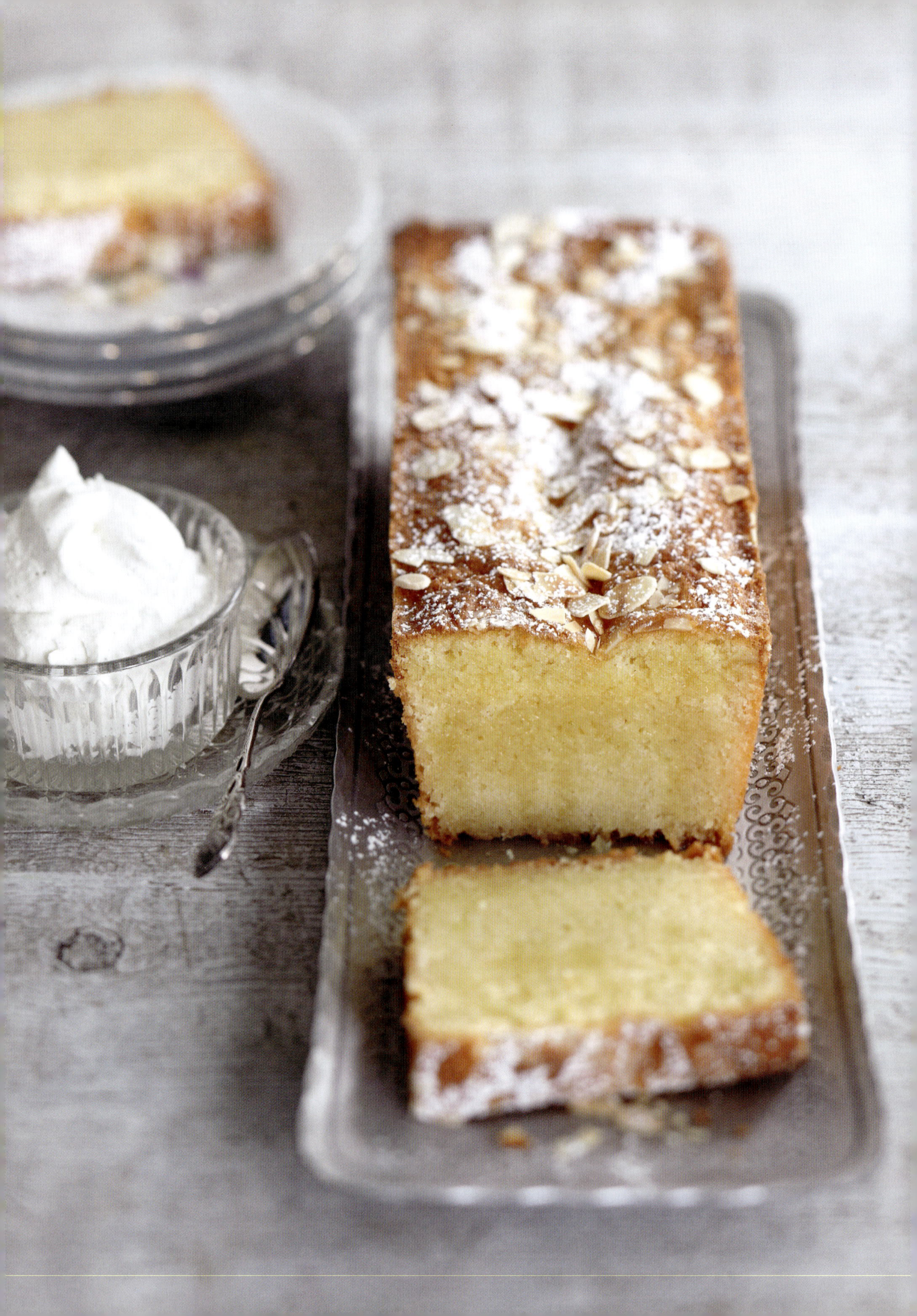

Waldmeister-Mandel-Kuchen

Für 1 Kastenkuchen (30 cm)
Zubereitungszeit: 30 Minuten
plus 60 Minuten Backzeit

200 g weiche Butter
200 g Zucker
1 TL Vanillepulver
1 große Prise Salz
4 Eier
200 g Mehl
100 g gemahlene Mandeln
3 TL Backpulver
100 g Vollmilchjoghurt
150 ml Waldmeistersirup
   (siehe Seite 89)

Weiche Butter, Zucker, Vanillepulver und Salz in eine Rührschüssel geben und 3–4 Minuten cremig rühren. Die Eier nacheinander hinzugeben, jedes Ei etwa 2 Minuten einrühren. Die Masse rühren, bis der Zucker ganz aufgelöst ist. Mehl, Mandeln und Backpulver mischen, abwechselnd mit dem Joghurt zur Masse geben und kurz unterrühren.

Den Teig in eine eingefettete und leicht bemehlte Kastenform füllen. Im vorgeheizten Ofen bei 175 Grad (Umluft 160 Grad) auf der mittleren Schiene 55–60 Minuten backen.

Den Kuchen sofort nach dem Backen mehrfach mit einem Holzspieß einstechen und mit dem Waldmeistersirup tränken.

Den Kuchen 5 Minuten in der Form ruhen lassen. Anschließend auf ein Kuchengitter stürzen und abkühlen lassen.

Tipp:
Dazu schmeckt eine Joghurt-Waldmeister-Sahne: 250 ml Sahne (Rahm) steif schlagen. 150 g Vollmilchjoghurt und 6 EL Waldmeistersirup verrühren und unter die Sahne heben.

Waldmeister-Mascarpone-Eis

Für 4–6 Personen
Zubereitungszeit: 15 Minuten
plus Kühlzeit

1 unbehandelte Zitrone
80 g Zucker
200 g Mascarpone
100 g Vollmilchjoghurt
200 ml Waldmeistersirup
   (siehe Seite 89)
250 ml Sahne (Rahm)

Die Zitrone waschen, abtrocknen und die Schale dünn abreiben. Den Saft auspressen. Zitronensaft und -schale, Zucker, Mascarpone und Joghurt in eine Rührschüssel geben und verrühren. Den Waldmeistersirup unter Rühren hinzufügen.

Die Sahne steif schlagen und unter die Masse heben. Die Masse in eine Eismaschine geben und etwa 30 Minuten zu cremigem Eis gefrieren lassen.

Tipp:
Falls Sie keine Eismaschine besitzen, die Masse in 4–6 Portionsformen geben und für mindestens 6 Stunden gefrieren lassen. Die Formen kurz bis zum Rand in kochend heißes Wasser stellen, das Eis vom Rand lösen und sofort auf kleine Teller stürzen. 10 Minuten antauen lassen und mit einer Beerenfruchtsauce oder einem Beerenfruchtsalat genießen.

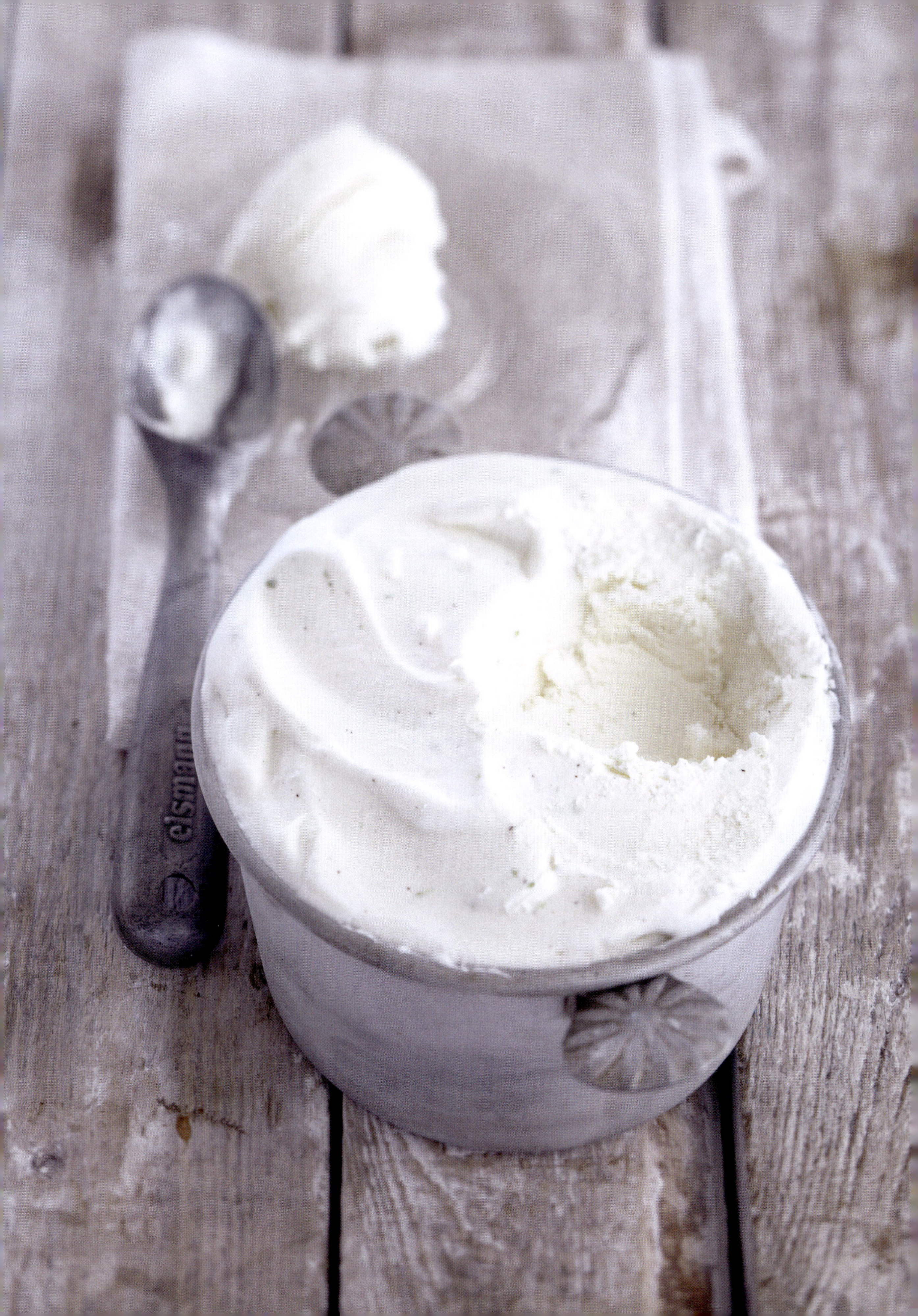
eismann

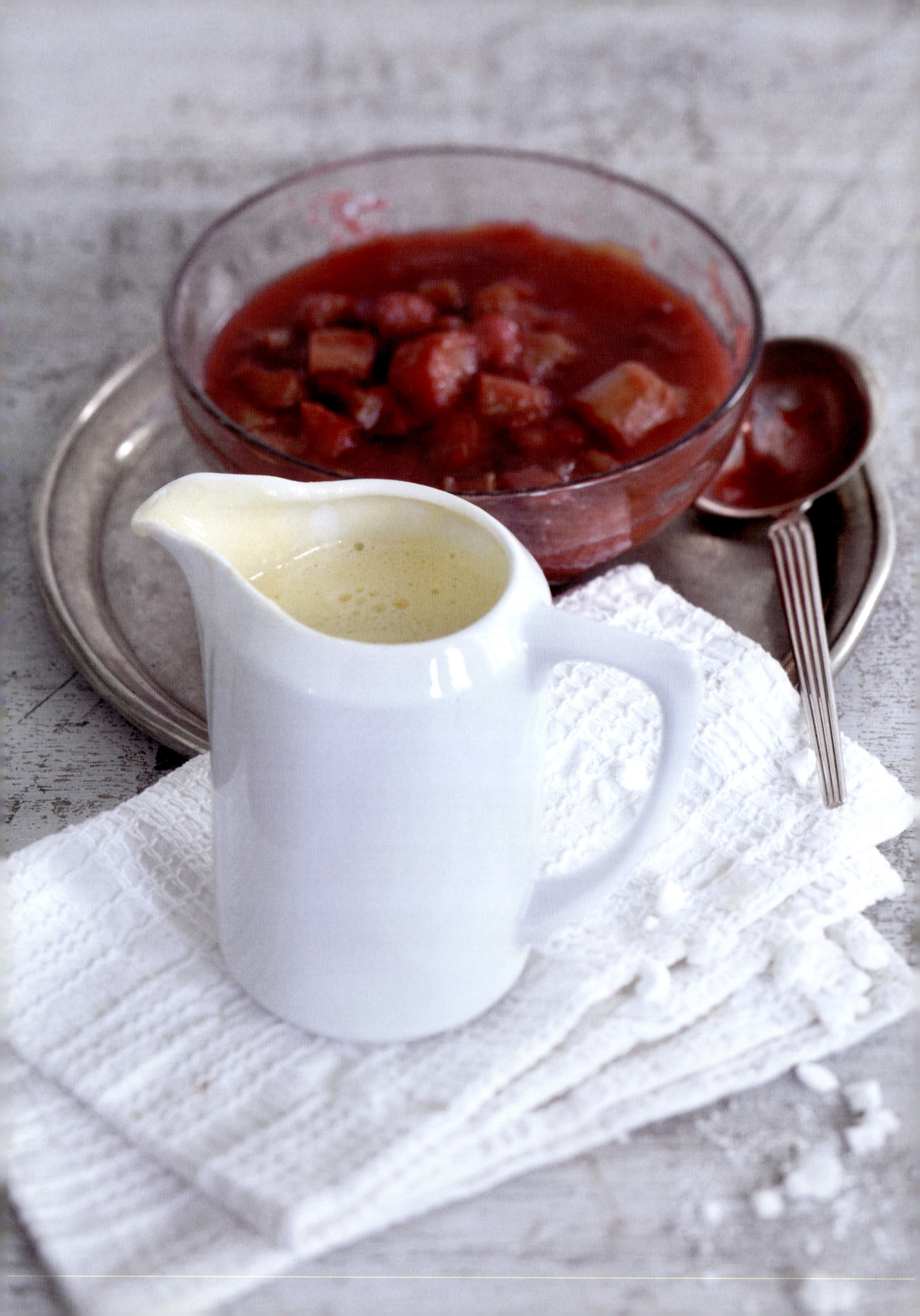

Erdbeer-Rhabarber-Kompott mit Waldmeister-Schaumsauce

Für 4 Personen
Zubereitungszeit: 30 Minuten
plus Kühlzeit

500 g roter Rhabarber
500 g Erdbeeren
100 g kandierter Ingwer
200 ml Maracujasaft
100 g Muscovado- oder
    Rohrzucker
2 EL Speisestärke
4 Eigelb
30 g Zucker
1 Orange
100 ml Waldmeistersirup
    (siehe Seite 89)

Den Rhabarber putzen, waschen und in 1½ cm große Stücke schneiden. Die Erdbeeren waschen, in einem Sieb abtropfen lassen, den Blütenansatz abschneiden und die Erdbeeren vierteln. Den Ingwer fein hacken.

Rhabarber, Maracujasaft, Ingwer und Muscovadozucker in einen Topf geben und 5 Minuten dünsten. Die Erdbeeren hinzufügen, einmal aufkochen. Die Speisestärke mit 5 EL kaltem Wasser verrühren. Unter Rühren zur kochenden Fruchtmasse geben. Kurz köcheln und dann im kalten Wasserbad abkühlen lassen.

Eigelbe, Zucker und 5 EL Orangensaft in eine Metallschüssel geben. Über dem heißen Wasserbad 3 Minuten hell und cremig rühren. Nach und nach unter ständigem Rühren den Waldmeistersirup unterrühren. Weiterrühren, bis eine cremige gebundene Masse entstanden ist. Zum Kompott servieren. Nach Belieben mit zerbröseltem Baiser oder Amarettini servieren.

Waldmeister-Birnen-Granité

Für 4 Personen
Zubereitungszeit: 20 Minuten
plus 6–8 Stunden Kühlzeit

500 g reife, saftige Birnen
 (z. B. Williams Christ)
1 Limette
250 ml Waldmeistersirup
 (siehe Seite 89)

Die Birnen schälen, das Kerngehäuse entfernen und die Früchte grob würfeln. Die Limette auspressen. Mit dem Waldmeistersirup zu den Birnen geben und sehr fein pürieren.

Die Masse in ein Gefriergefäß füllen und 6–8 Stunden gefrieren lassen.

Mit einem Eislöffel oder Esslöffel die Masse herauskratzen und in gekühlte Gläser füllen. Nach Belieben mit Cava, Sekt oder Prosecco servieren.

Tipp:
Auch andere Früchte eignen sich sehr gut für diesen Granité. Probieren Sie es mal mit Mango oder Ananas. Im Sommer schmeckt auch die Kombination von Waldmeistersirup und Beerenfrüchten sehr lecker. Je nach Fruchtsorte muss eventuell noch mit etwas Zucker nachgesüßt werden.

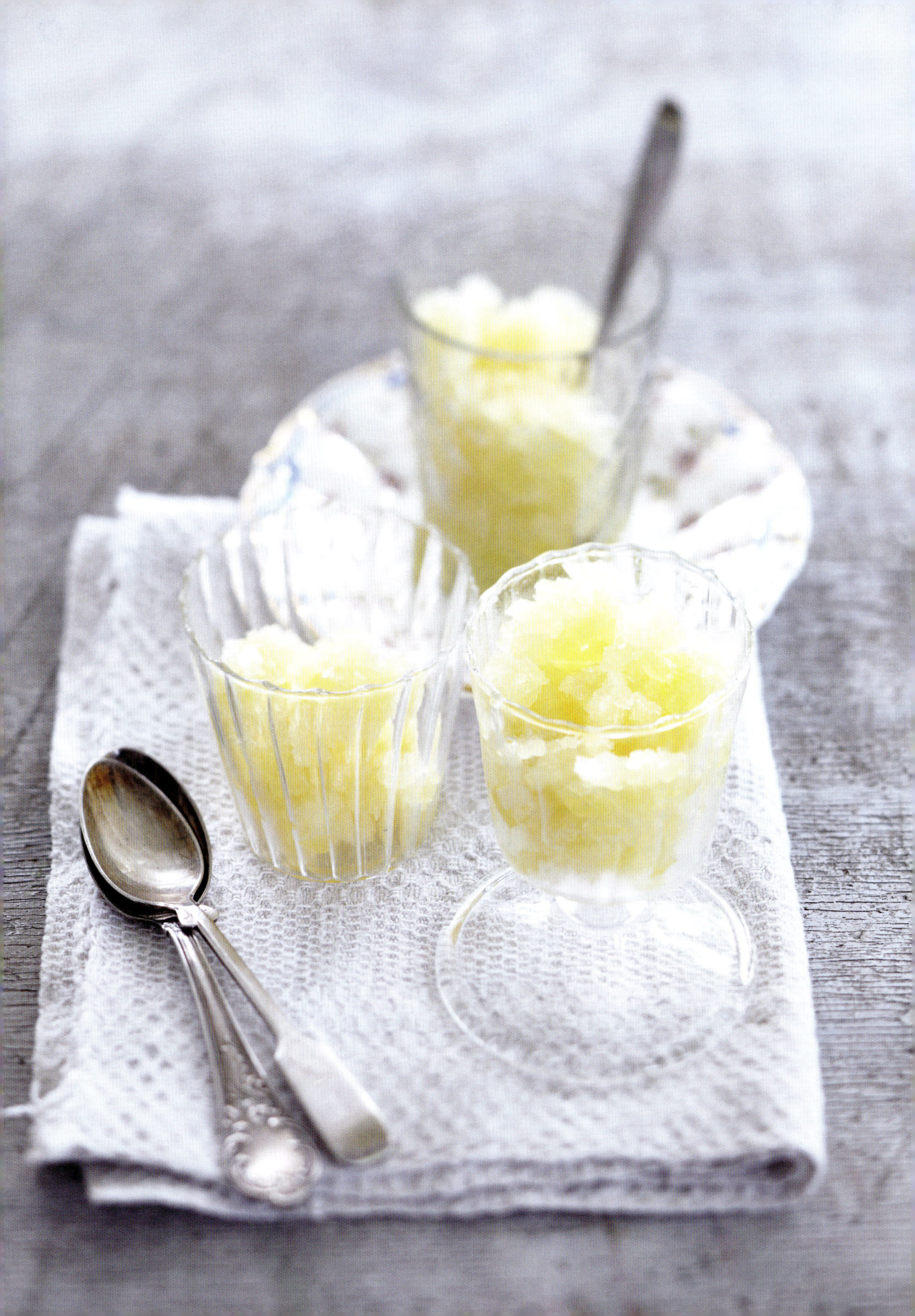

Waldmeister-Rhabarber-Joghurt-Parfait

Für 4 Personen
Zubereitungszeit: 50 Minuten

1 Bund Waldmeister
500 g roter Rhabarber
1 Vanilleschote
200 g Zucker
250 ml Sahne (Rahm)
150 ml Sahnejoghurt

Den Waldmeister waschen und in einem Sieb abtropfen lassen oder mit einem Tuch trocken tupfen. Mit einem Küchenband zusammenbinden. Das Bund kopfüber aufhängen und mindestens 6–8 Stunden antrocknen lassen. Das ist wichtig, damit sich das Waldmeisteraroma entwickeln kann.

Den Rhabarber putzen und in 1½ cm große Würfel schneiden. Die Vanilleschote längs aufschlitzen und das Mark herauskratzen. Rhabarber, Waldmeister, Vanilleschote, Vanillemark, 120 g Zucker und 75 ml Wasser in einen Topf geben. Zugedeckt 6–7 Minuten dünsten. Waldmeister und Vanilleschote herausnehmen. Den Rhabarber pürieren. Das Rhabarberpüree im kalten Wasserbad abkühlen. 200 g Püree beiseitestellen.

Die Sahne steif schlagen. Das restliche Rhabarberpüree mit Sahnejoghurt verrühren und vorsichtig die Sahne unterheben. Die Masse abwechselnd mit dem Rhabarberpüree in 4 Portionsformen füllen und 5–6 Stunden gefrieren lassen.

Den restlichen Zucker in einer Pfanne langsam goldgelb karamellisieren lassen, 1–2 Minuten abkühlen lassen. Mit einem Esslöffel auf Backpapier Karamellstreifen ziehen. Abkühlen lassen.

Das Parfait mindestens 30 Minuten vor dem Verzehr aus dem Gefrierfach holen. Die Formen kurz in heißes Wasser stellen und das Parfait auf Teller stürzen. Mit den Zuckerkaramellstreifen verzieren.

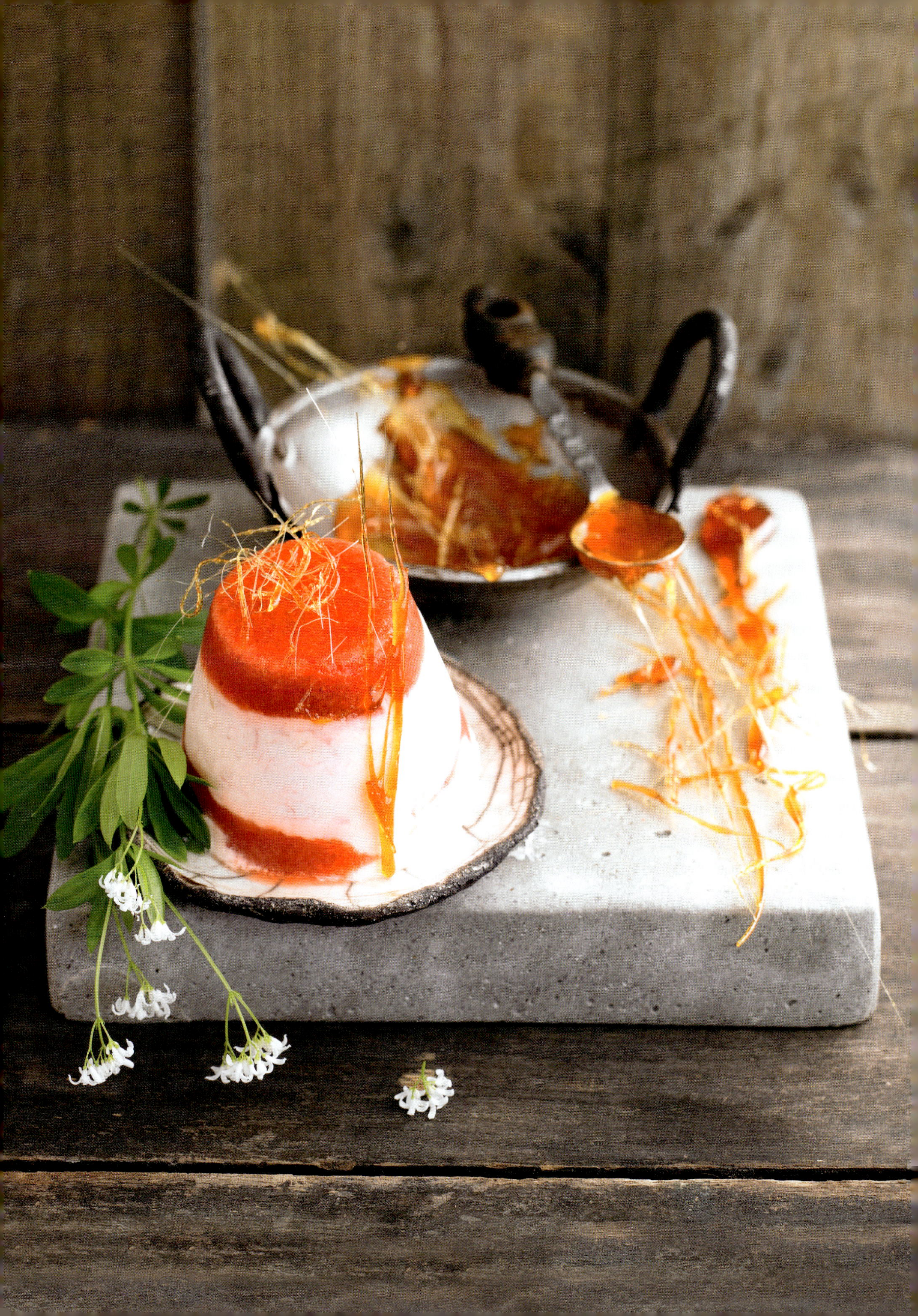

Die jungen Wilden

Frühling liegt in der Luft und entfaltet sein ganz besonderes, unvergleichliches Naturspektakel. Der lange Winter liegt hinter uns, jetzt ist es Zeit, die ersten Sonnenstrahlen zu tanken. Im April und im Wonnemonat Mai, wenn die Natur zu neuem Leben erwacht, sprießen sie wieder, die geliebten Wald- und Wiesenkräuter. Jung und wild kommen sie daher.

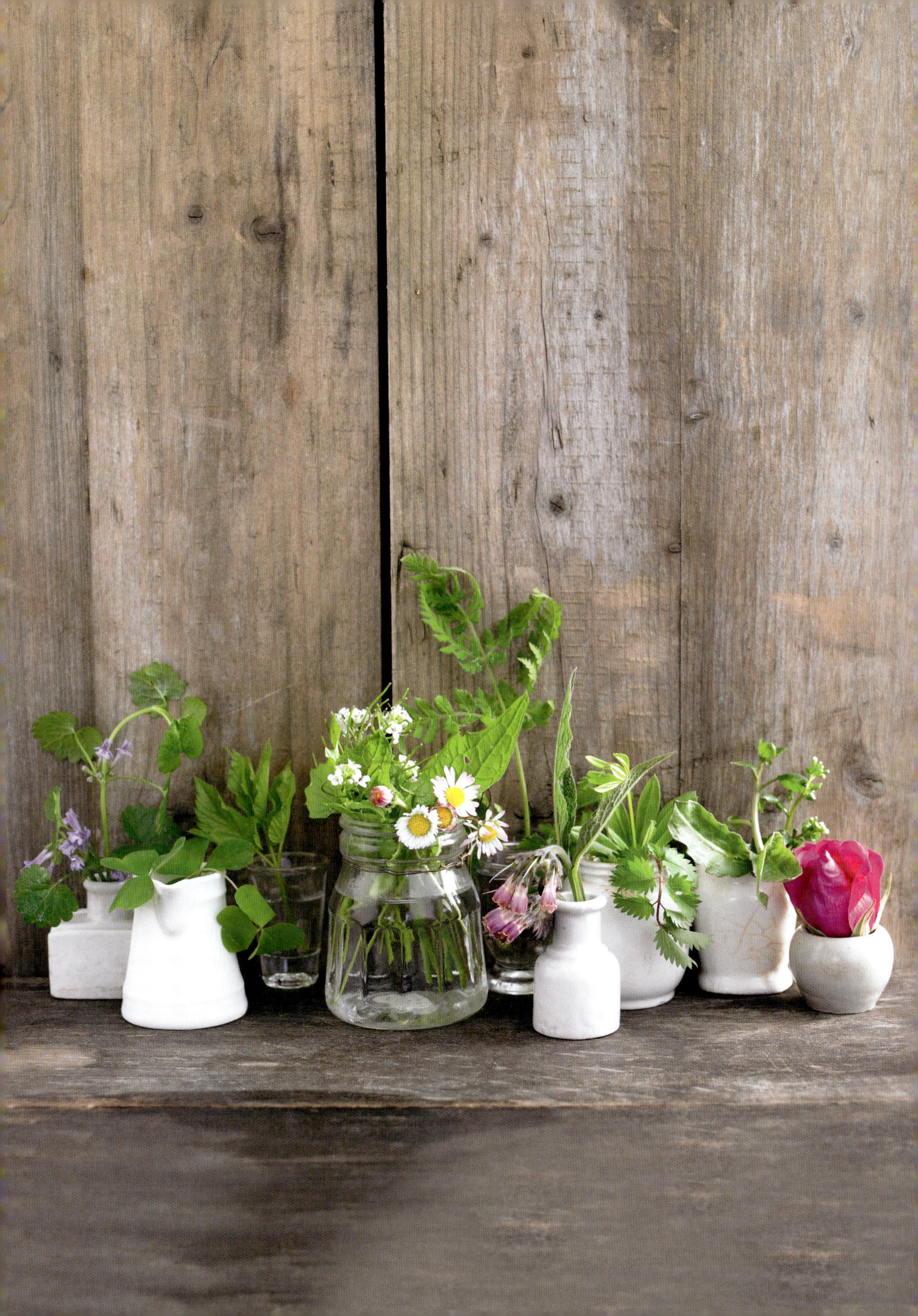

Sauerklee, Sauerampfer, Beinwell, Melde, Giersch, Gänseblümchen, Vogelmiere, Wiesenschaumkraut, Knoblauchsrauke, Waldmeister, Gundelrebe oder etwas später die Holunderblüten – sie alle machen sich breit auf Feldern, Weiden und an Wald- und Wegrändern. Jetzt ist die beste Zeit, diese kraft- und vitaminstrotzenden Kräuter in Hülle und Fülle zu genießen. Ich liebe den Frühling sehr und bin jedes Mal wieder überrascht, wie vielfältig diese herrlichen Wildkräuter zu verwenden sind. Jedes hat einen einzigartigen Geschmack, und dadurch erhalten auch die Gerichte ihre einmalige Note.

Ob nun im Quark zu Rosmarinkartoffeln, in unterschiedlichen Salatvariationen, im Risotto, in kalten oder heißen Suppen, als Füllung oder als Snack, für Desserts oder auch für Drinks. Der Kreativität beim Einsatz dieses »Grünkrauts« sind keine Grenzen gesetzt.

Gehen Sie also mit Korb und kleiner Gartenschere los. Fangen Sie mit den Ihnen wohlbekannten Wildkräutern an, und tasten Sie sich dann Schritt für Schritt weiter vor. Bei jedem Spaziergang werden dann weitere Kräuter im Korb landen, die nur darauf warten, neu entdeckt zu werden, um dann als Hauptattraktion auf Ihrem Tisch zu landen.

Um das volle Aroma zu genießen und das Maximum an Vitaminen und Mineralstoffen aufzunehmen, sollten Sie aber wirklich nur die Menge an Kräutern sammeln, die sie dann schnellstmöglich, am besten gleich nach dem Spaziergang zubereiten können.

Die folgenden Rezepte standen übrigens am Beginn unserer Beschäftigung mit dem Thema, aus dem dann die Idee zu diesem Buchprojekt erwuchs. Ich sehe diese würzigen Pflanzen als besondere Bereicherung zu unseren anderen, meist gekauften Lebensmitteln. Außerdem macht es große Freude sie zu ernten und immer wieder neue »Wilde« zu entdecken. Ich bin mir sicher, dass noch viele darauf warten, unsere Küche zu erobern.

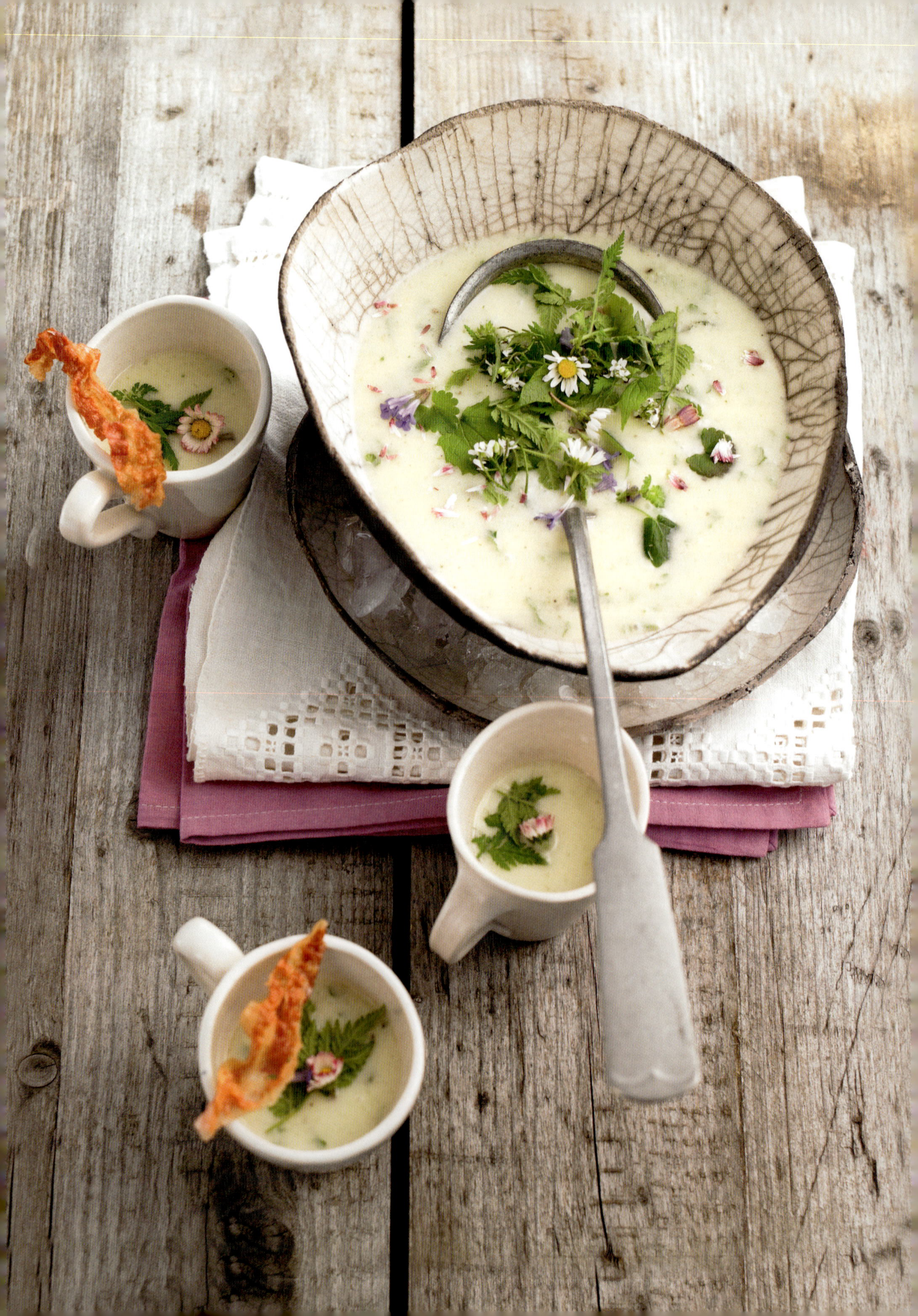

Kalte Wildkräuter-Kartoffel-Suppe mit Coppa

Für 4 Personen
Zubereitungszeit: 30 Minuten
plus 3 Stunden Kühlzeit

350 g mehlig kochende Kartoffeln
2 Frühlingszwiebeln
2 Schalotten
3 EL Olivenöl
700 ml Gemüsefond
Salz, Pfeffer aus der Mühle
250 ml Sahne (Rahm)
100 ml Milch
100 g italienische Coppa
30 Stiele Sauerklee
10 Stiele Knoblauchsrauke
3 Stiele Gundelrebe
20 Stiele Giersch
20 Stiele Gänseblümchen

Die Kartoffeln schälen und würfeln. Die Frühlingszwiebeln putzen. Das Weiße und das helle Grün in Ringe schneiden. Die Schalotten schälen und fein würfeln.

Das Olivenöl erhitzen. Kartoffeln, Frühlingszwiebeln und Schalotten darin andünsten. Den Gemüsefond angießen. Mit Salz und Pfeffer würzen und zugedeckt 20 Minuten dünsten. Sahne und Milch hinzufügen und einmal aufkochen.

Die Suppe pürieren und durch ein Sieb passieren. Die Suppe mindestens 3 Stunden kalt stellen.

Die Coppa knusprig braten, nach Belieben leicht abkühlen lassen und etwas zerbröseln. Die Wildkräuter waschen und in einem Sieb abtropfen lassen oder mit einem Tuch trocken tupfen. Die Blätter und Blüten von den Stielen zupfen und grob schneiden. Kräuter und Coppa in die Suppe geben und gleich servieren, damit die Coppa beim Essen noch knusprig ist.

Nektarinen-Kräuter-Crostini

Für 4 Personen
Zubereitungszeit: 15 Minuten

2 große, reife Nektarinen
2 EL gesalzene Macadamia-
   nüsse
6 Stiele Gundelrebe
12 Stiele Sauerampfer
1 TL rosa Pfeffer
Rosensalz
1 EL Rosenblütensirup
   (siehe Seite 124) oder
   Akazienhonig
8 TL Macadamiaöl
8 hauchdünne Scheiben
   Ciabatta oder Baguette
100 g Pecorino

Die Nektarinen halbieren, den Stein entfernen und würfeln. Die Macadamianüsse grob hacken und in einer beschichteten Pfanne goldbraun rösten. Abkühlen lassen.

Gundelrebe und Sauerampfer waschen und in einem Sieb abtropfen lassen oder mit einem Tuch trocken tupfen. Die Blätter klein zupfen und zu den Nektarinen geben. Pfeffer und Rosensalz in einem Mörser grob zerstoßen. Mit gerösteten Macadamianüssen, Rosenblütensirup und Macadamiaöl zu den Kräuterblättern und Nektarinen geben und alles vorsichtig mischen.

Die Brotscheiben im Toaster goldbraun rösten. Nektarinen-Kräuter-Salat auf die gerösteten Brotscheiben verteilen. Den Pecorino reiben und damit die Crostini bestreuen.

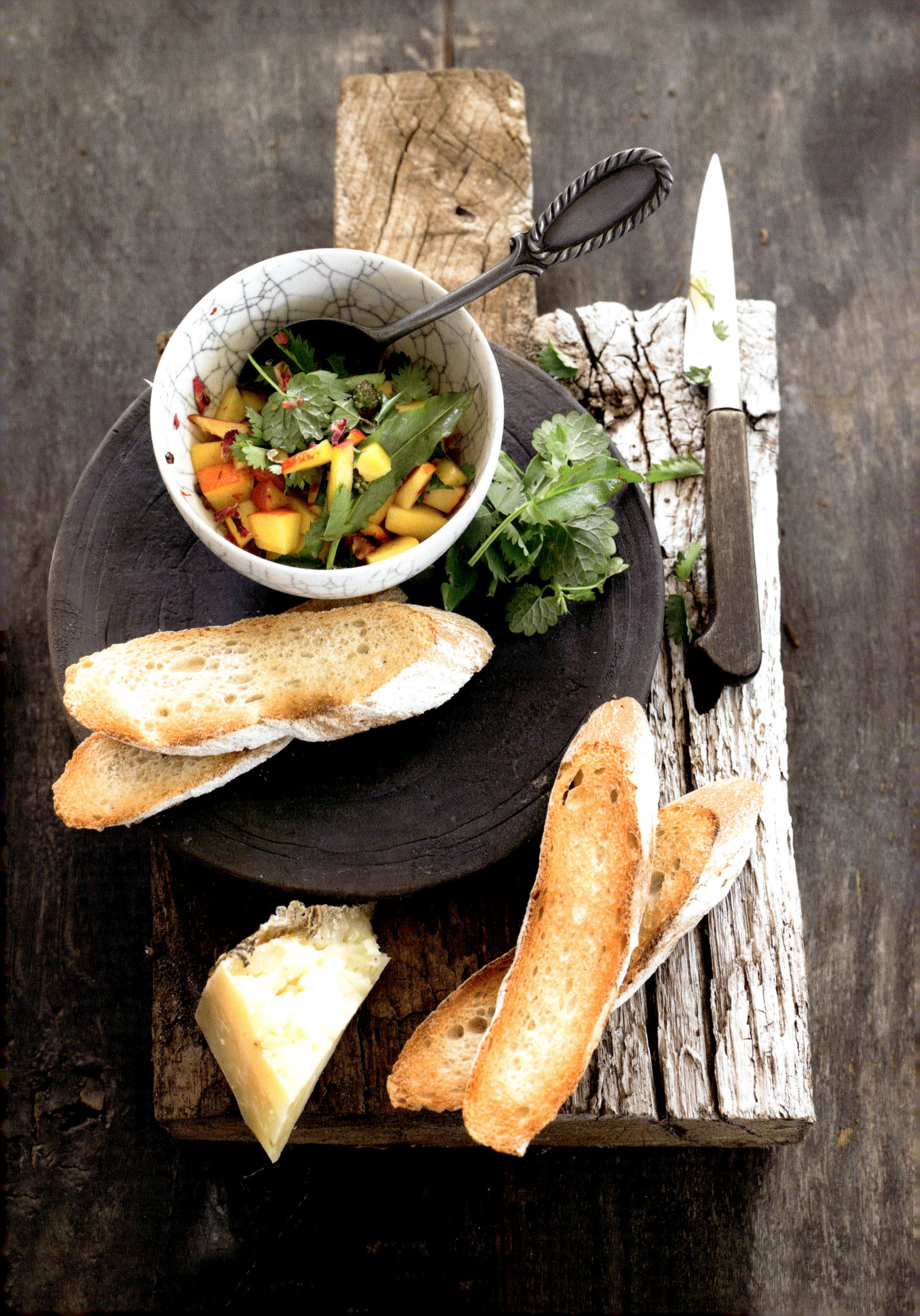

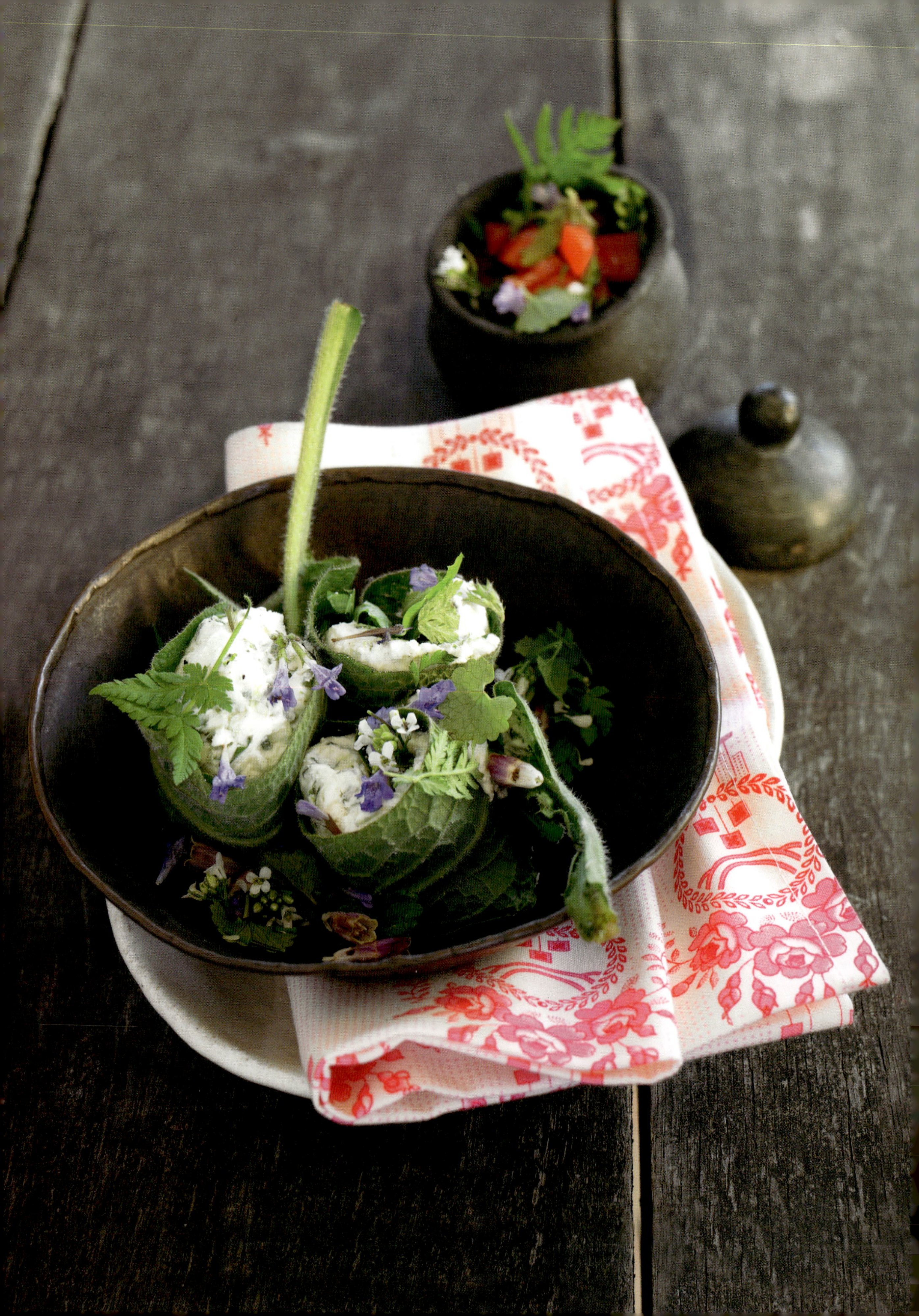

Gefüllte Beinwellröllchen mit Wildkräuter-Tomaten

Für 4 Personen
Zubereitungszeit: 25 Minuten

12 junge Beinwellblätter
6 Stiele Knoblauchsrauke
10 Stiele Sauerampfer
10 Stiele Süßdolde
1 Chilischote
1 unbehandelte Limette
50 g Parmesan
150 g Ricotta
100 g Ziegenfrischkäse
Salz
400 g kleine Tomaten
4 Stiele Minze
1 Prise Zucker
4 EL Olivenöl

Beinwellblätter, Knoblauchsrauke, Sauerampfer und Süßdolde waschen und in einem Sieb abtropfen lassen oder mit einem Tuch trocken tupfen.

Knoblauchsrauke, Sauerampfer und die Hälfte der Süßdolde in feine Streifen schneiden. Die Chilischote längs aufschneiden, die Kerne entfernen und fein hacken. Die Limette waschen, abtrocknen und die Schale abreiben.

Den Parmesan reiben. Mit Ricotta, Ziegenfrischkäse, Chilischote, Knoblauchsrauke, Sauerampfer, Süßdolde, 1 TL Limettenschale und Salz verrühren. Jeweils 1 EL der Masse auf ein Beinwellblatt geben und aufrollen.

Die Tomaten fein würfeln. Minzblätter und restliche Süßdolde hacken. Tomaten, Minze, Süßdolde, Salz, Zucker und restlichen Limettensaft mischen.

Die Beinwellröllchen mit Tomaten und einigen Blüten anrichten und mit Olivenöl beträufeln.

Wildkräuter-Tramezzini

Für 8 Tramezzini
Zubereitungszeit: 20 Minuten

200 g Walderdbeeren oder
 kleine Erdbeeren
100 g gemischte Wildkräuter
 (z. B. Gänseblümchen,
 Wiesenknopf, Süßdolde,
 Sauerampfer)
200 g Ziegenfrischkäse
100 g Sauerrahm
Meersalz
Szechuanpfeffer
8 Scheiben Tramezzini oder
 Sandwichtoast
4 EL sehr alter cremiger
 Balsamicoessig

Die Walderdbeeren waschen und in einem Sieb abtropfen lassen. Die Wildkräuter waschen, in einem Sieb abtropfen lassen oder mit einem Tuch trocken tupfen und grob zupfen.

Den Ziegenfrischkäse mit Sauerrahm, Salz und grob zerstoßenem Szechuanpfeffer verrühren.

4 Scheiben Tramezzini mit Ziegenfrischkäsemasse bestreichen. Mit Wildkräutern und Erdbeeren belegen. Mit Balsamico beträufeln.

Jeweils 1 Brotscheibe darauflegen. Die Tramezzini diagonal durchschneiden.

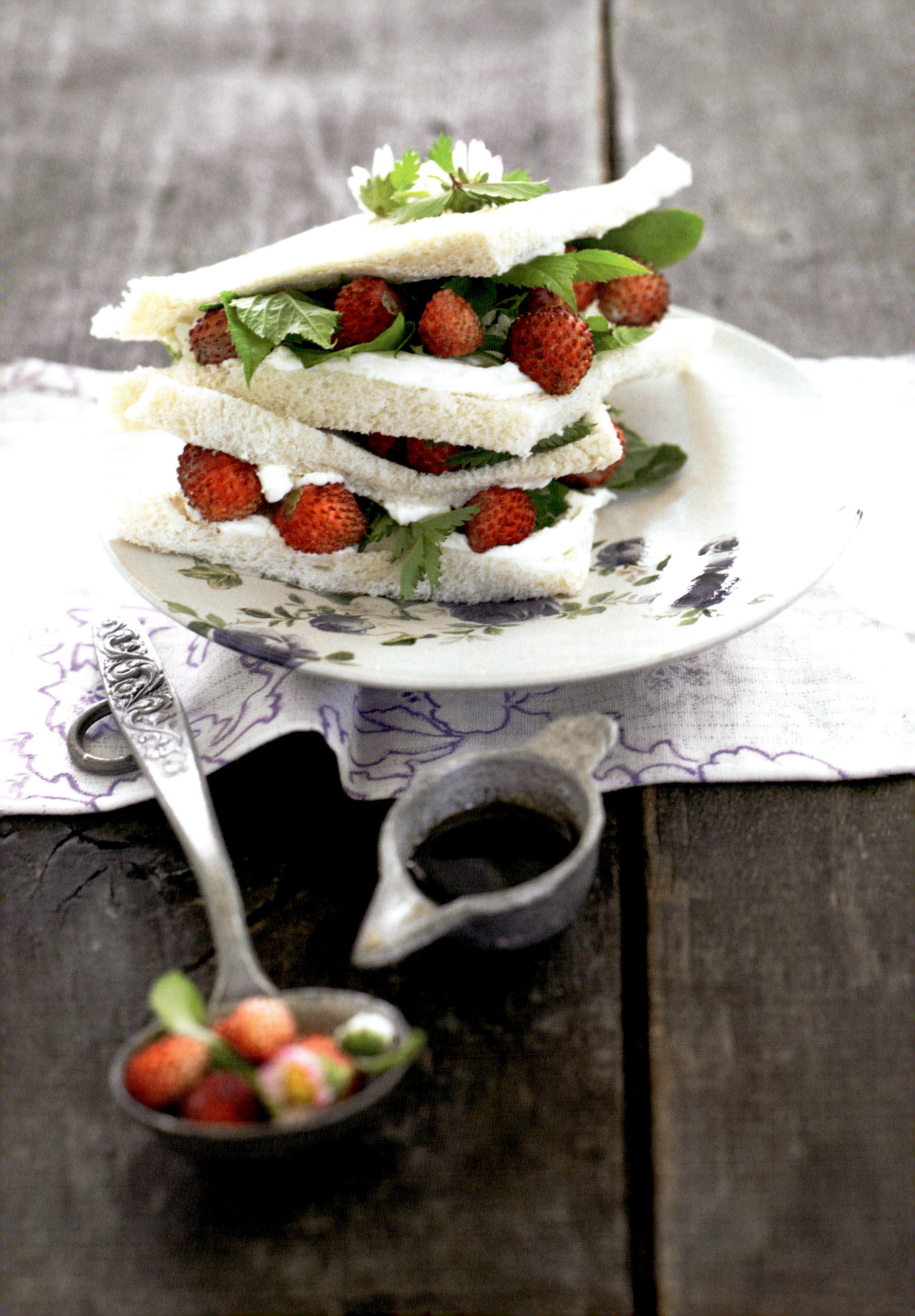

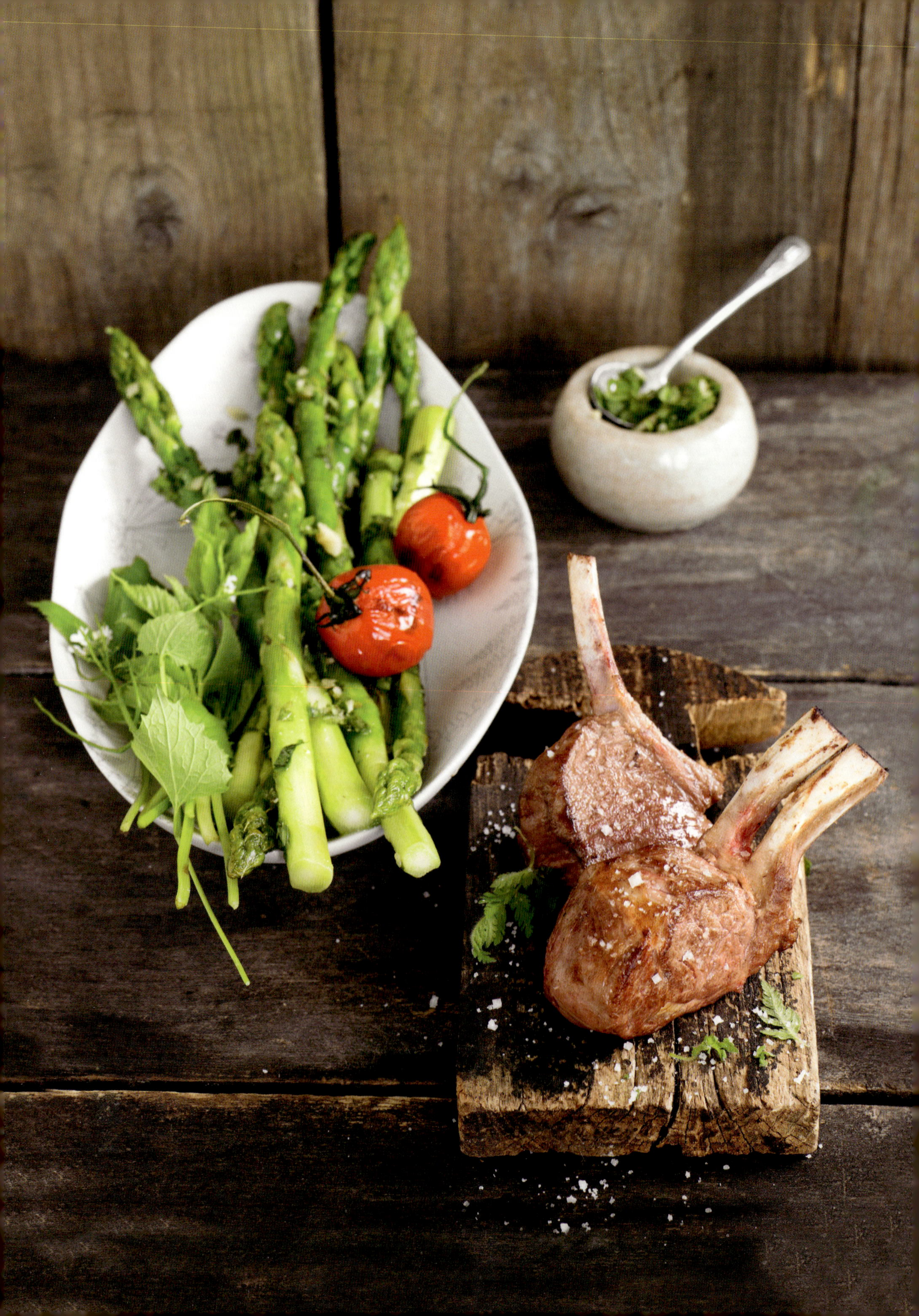

Gebratener grüner Spargel mit Gierschpesto

Für 4 Personen
Zubereitungszeit: 40 Minuten

40 g Parmesan
150 g sehr junger Giersch
10 Stiele Knoblauchsrauke
1 unbehandelte Limette
50 g Macadamianüsse
13 EL Olivenöl
Salz, Pfeffer
1½ kg grüner Spargel
12 Lammstielkoteletts
6 cl Pastis
250 g kleine Tomaten
100 g gemischte Wildkräuter
 (z. B. Sauerampfer,
 Wiesenknopf, Giersch)

Den Parmesan reiben. Giersch und Knoblauchsrauke waschen und in einem Sieb abtropfen lassen oder mit einem Tuch trocken tupfen. Die Blätter von den Stielen zupfen. Die Hälfte zugedeckt beiseitestellen. Die Limette waschen, abtrocknen und die Schale dünn abreiben. Den Saft auspressen.

Macadamia, Giersch und Knoblauchsrauke fein hacken und in einer Schale vermischen. Mit Parmesan, 8 EL Olivenöl, Limettenschale, 1 EL Limettensaft, Salz und Pfeffer zu einem Pesto verrühren.

Den Spargel waschen. Die Spargelenden abschneiden und das untere Drittel der Stangen schälen. Die Spargelstangen längs halbieren. 3 EL Olivenöl in einer großen Pfanne erhitzen. Den Spargel darin rundherum 8–10 Minuten braten. Den Pesto hinzufügen und miteinander mischen.

Das restliche Olivenöl in einer zweiten Pfanne erhitzen. Die Lammkoteletts mit Salz und Pfeffer würzen. Im heißen Öl rundherum 3 Minuten braten. Mit etwas Pastis ablöschen und beiseitestellen. Die Tomaten hinzufügen und 2–3 Minuten im Bratsud schmoren. Die Wildkräuter waschen und in einem Sieb abtropfen lassen oder mit einem Tuch trocken tupfen. Spargel mit Lammkoteletts, Tomaten, restlichen Giersch- und Knoblauchsraukeblättern und den Wildkräutern servieren.

Rosenblütenrisotto mit Wildkräutern

Für 4 Personen
Zubereitungszeit: 35 Minuten

2 Schalotten
1 unbehandelte Zitrone
100 g Parmesan
5 EL Olivenöl
200 g Risottoreis
200 ml Weißwein
Salz, Pfeffer aus der Mühle
½ TL Zucker
750 ml Gemüsefond
12 Wildrosenblüten
   (Hagebutte)
100 g Wildkräuter (z. B. Vogelmiere, Wiesenknopf, Melde,
   Giersch)
1 gehäufter EL Butter

Die Schalotten schälen und fein würfeln. Die Zitrone waschen, abtrocknen und die Schale dünn abreiben. Den Saft auspressen. Den Parmesan reiben.

Das Olivenöl in einem Topf erhitzen. Die Schalotten darin glasig dünsten. Den Reis hinzufügen und 2–3 Minuten mitdünsten. Mit dem Wein ablöschen und unter Rühren weiterdünsten, bis der Wein vom Reis aufgesogen ist. Zitronenschale, Zitronensaft, Salz, Pfeffer und Zucker hinzufügen. Nach und nach Gemüsefond hinzufügen und unter gelegentlichem Rühren etwa 20 Minuten garen.

Die Rosenblütenblätter abzupfen. Die Kräuter waschen und in einem Sieb abtropfen lassen oder mit einem Tuch trocken tupfen.

Butter und Parmesan zum Risotto geben und unterrühren. Wildkräuter und Rosenblütenblätter zum Risotto geben und unterheben. Den Risotto auf Tellern anrichten.

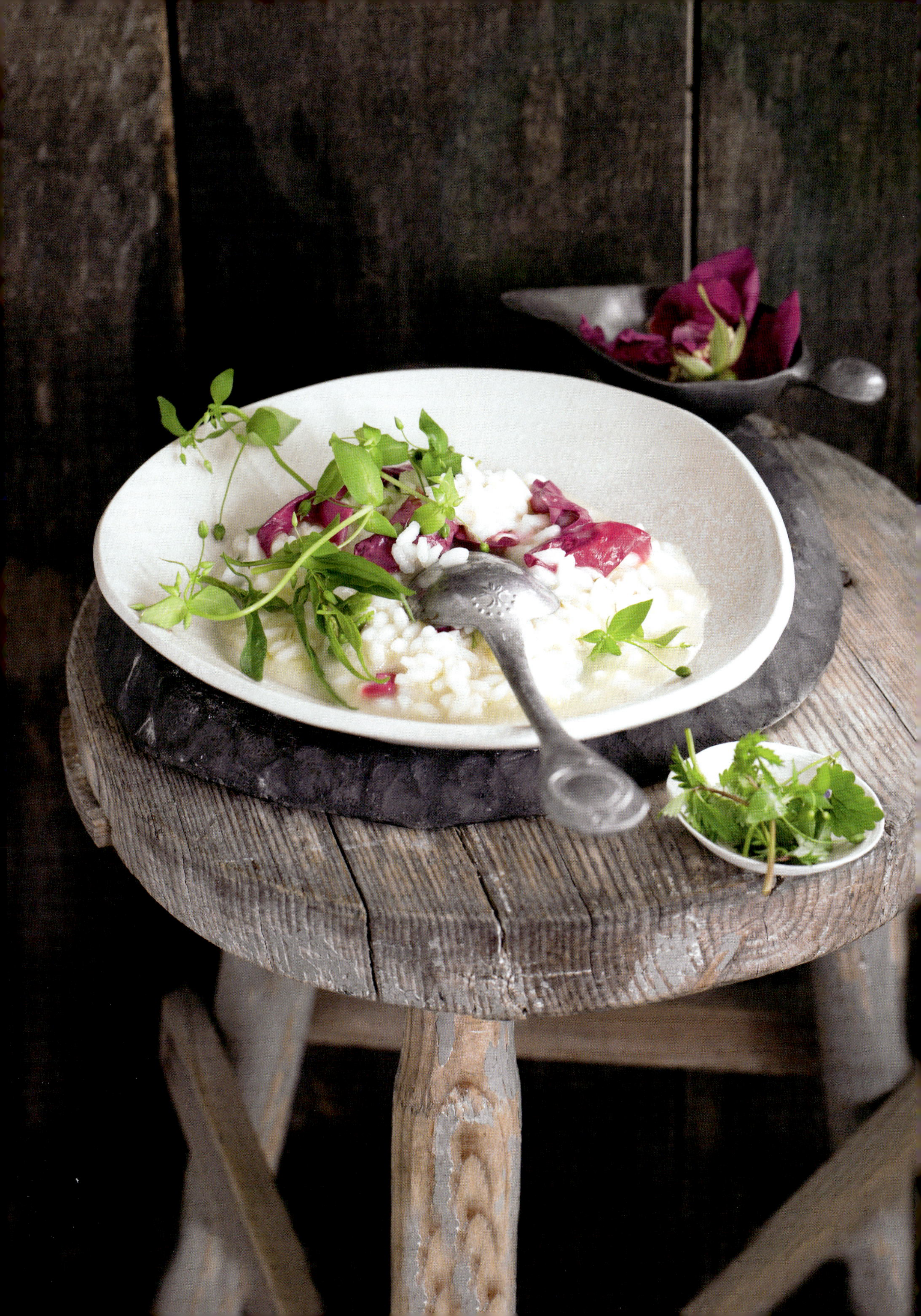

Aprikosen-Lassi

Für 4 Gläser
Zubereitungszeit: 10 Minuten

500 g Aprikosen
1 unbehandelte Limette
4 EL Holunderblütensirup
 (siehe Seite 141)
1 Handvoll Sauerkleeblätter
 (ca. 20 Stück)
2 Stiele Gundelrebe
500 g Vollmilchjoghurt
1 Dolde Holunderblüten

Die Aprikosen waschen, nach Belieben häuten, halbieren und den Stein entfernen. Die Früchte in grobe Stücke schneiden. Die Limette waschen, abtrocknen und die Schale dünn abreiben. Den Saft auspressen. Früchte mit Limettenschale, Saft und Holunderblütensirup pürieren.

Sauerklee- und Gundelrebeblätter waschen und in einem Sieb abtropfen lassen oder mit einem Tuch trocken tupfen. Ein paar Blätter beiseitelegen. Die restlichen Blätter fein schneiden und unter das Aprikosenmark heben.

Den Joghurt verrühren. Abwechselnd Joghurt und Aprikosenmark in Gläser schichten.

Mit einigen Gundelrebeblüten und Sauerklee verzieren.

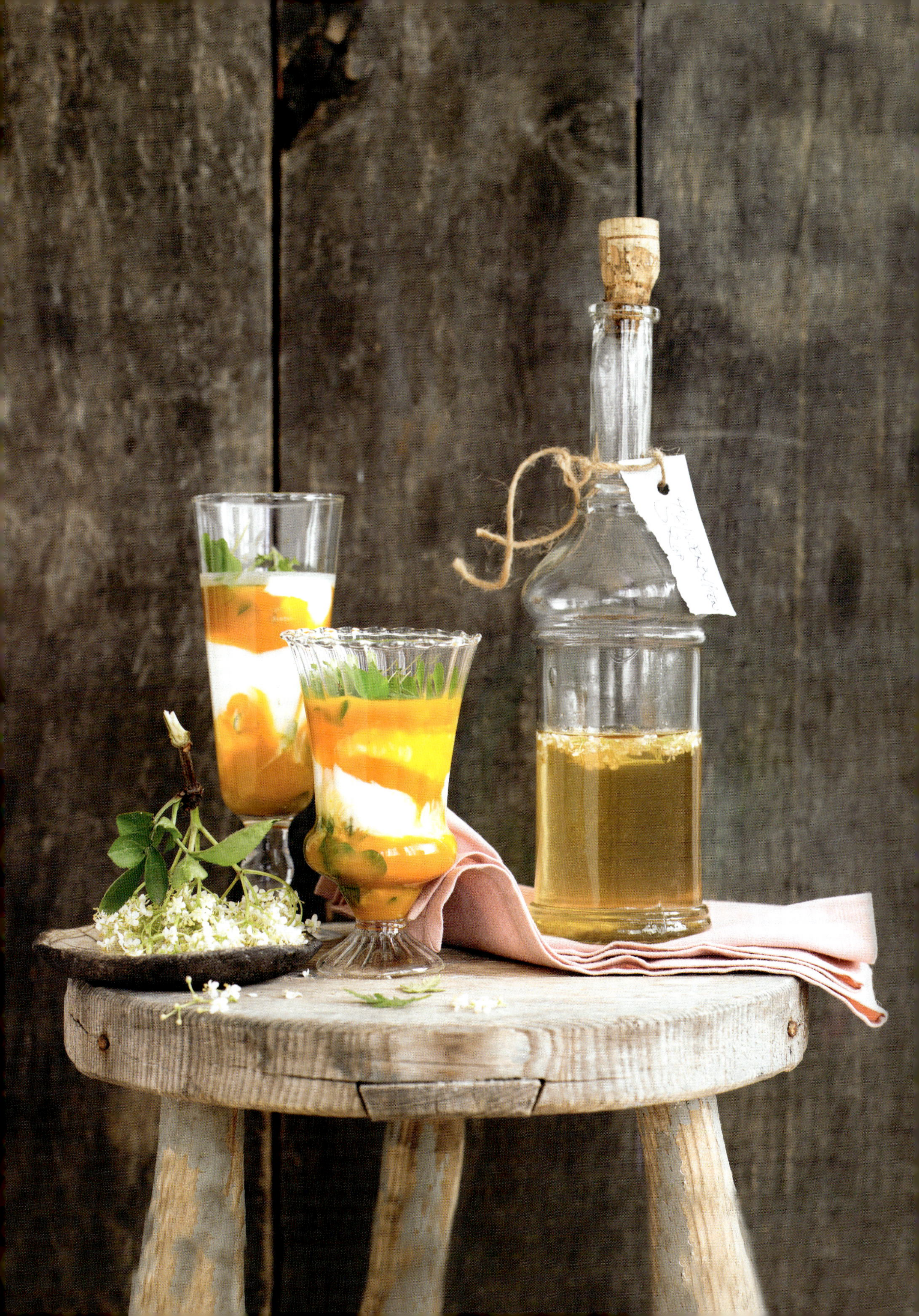

Wild und ursprünglich kommt sie daher, die Blume der Liebe. Ob zum ersten Rendezvous, zur Hochzeit, zum Hochzeitstag oder Valentinstag – Rosen stehen immer an erster Stelle bei der Wahl einer Liebesgabe.

Johann Wolfgang von Goethe beschrieb die Rose in einem seiner späten Gedichte:
Als Allerschönste bist du anerkannt,
Bist Königin des Blumenreichs genannt …

Und Christian Morgenstern dichtete:
Oh, wer um alle Rosen wüsste,
die rings in stillen Gärten stehn.
Oh, wer um alle wüsste, müsste
wie im Rausch durchs Leben gehn.

Wilde Rosen

Schon bei den alten Griechen und bei den Römern galt die Rose als heilig. Sie weihten sie ihren Göttinnen Venus und Aphrodite. In der Zeit des Römischen Reichs war die Rose als kostbares Luxusgut begehrt. So wurden auf Festen die Tafeln mit Rosenblüten geradezu überschüttet. Und Cleopatra soll ihre erste Liebesnacht mit Antonius auf einem Lager voller Rosenblütenblätter verbracht haben.

Nach dem Untergang des Römischen Reichs überlebten nur die sehr robusten Sorten. Erst Karl der Große ließ die Hundsrose (Rosa canina) als Heil- und Zierpflanze wieder kultivieren.

Unscheinbar nur aus einem Gehölz wächst sie heran – die Königin der Blumen mit ihren hundertfachen Namen. Ob wild an Weg- und Waldrändern oder kultiviert im Garten. Die Sammel- und Erntezeit ist von Mai bis Juli. Vermutlich hat fast jeder schon einmal mit ihren Stacheln Bekanntschaft gemacht. Daher ist beim Ernten Achtsamkeit erforderlich. Am besten die Blüten mit einer Gartenschere ernten.

Für unsere köstlichen Rezepte haben wir zunächst wie im Rausch an Wegrändern den Korb voller Blüten gesammelt. Schon der Duft war betörend. Diesen haben wir eingefangen mitsamt dem Zauber des unvergleichlichen Aromas, und daraus sind dann ganz besondere Rezepte wie zum Beispiel die Rosenpuffer oder das Rosenchutney entstanden. Ebenfalls erwähnenswert ist das köstlich schmeckende Rosenblütenrisotto mit Wildkräutern, ob mit oder ohne Fleischbeilage ein wahrhaft rauschender Genuss!

Lassen Sie sich verführen von diesen Rezepten und verführen Sie Ihre Gäste mit diesen Köstlichkeiten. Aber zuerst einmal bewaffnen Sie sich mit Gartenschere und Korb und machen einen ausgiebigen Spaziergang entlang von Wiesen und Feldern.

Rosenblütensirup

Für 2 Flaschen à 500 ml
Zubereitungszeit: 40 Minuten
plus 2–3 Tage Ruhezeit

30–40 pinkfarbene Wildrosenblüten (150 g Rosenblütenblätter)
1 Vanilleschote
2 unbehandelte Orangen
500 g Zucker
500 ml Wasser
2 Päckchen Zitronensäure

Die Rosenblütenblätter von den Blütenstielen zupfen und in ein hohes Weckglas geben.

Die Vanilleschote längs aufschlitzen und das Mark herauskratzen. Die Orangen waschen, abtrocknen und in Scheiben schneiden. Zucker, Wasser, Zitronensäure, Vanilleschote und -mark in einen Topf geben und aufkochen, bis sich der Zucker aufgelöst hat. Vom Herd nehmen und die Orangenscheiben hinzufügen.

Die Rosenblütenblätter mit dem Sud übergießen. Zugedeckt 2–3 Tage stehen lassen. Anschließend den Rosensud durch ein Sieb gießen, dabei die Blütenblätter kräftig ausdrücken. Den Rosenblütensirup noch einmal aufkochen und kochend heiß in kleine Flaschen füllen und diese sofort verschließen.

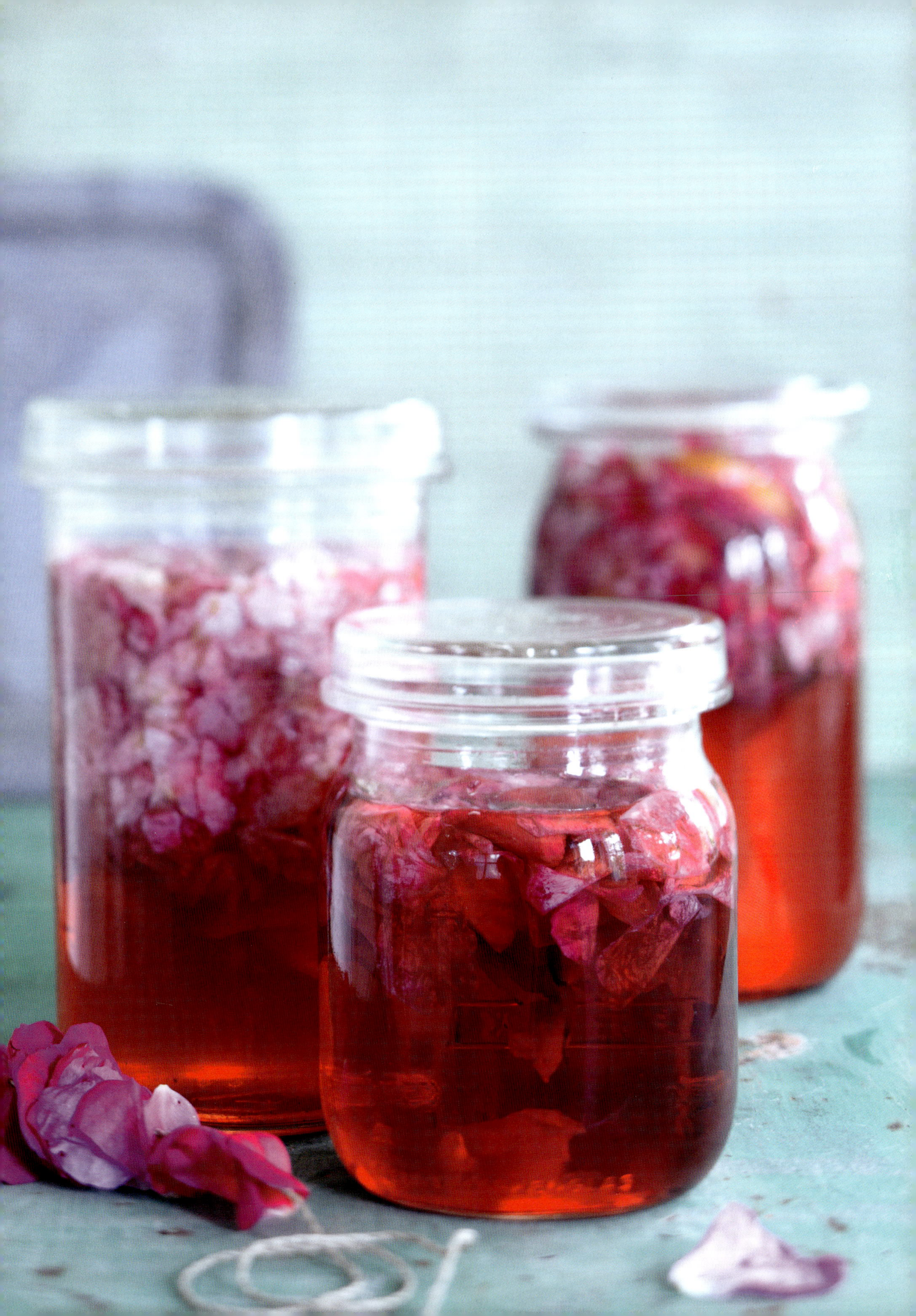

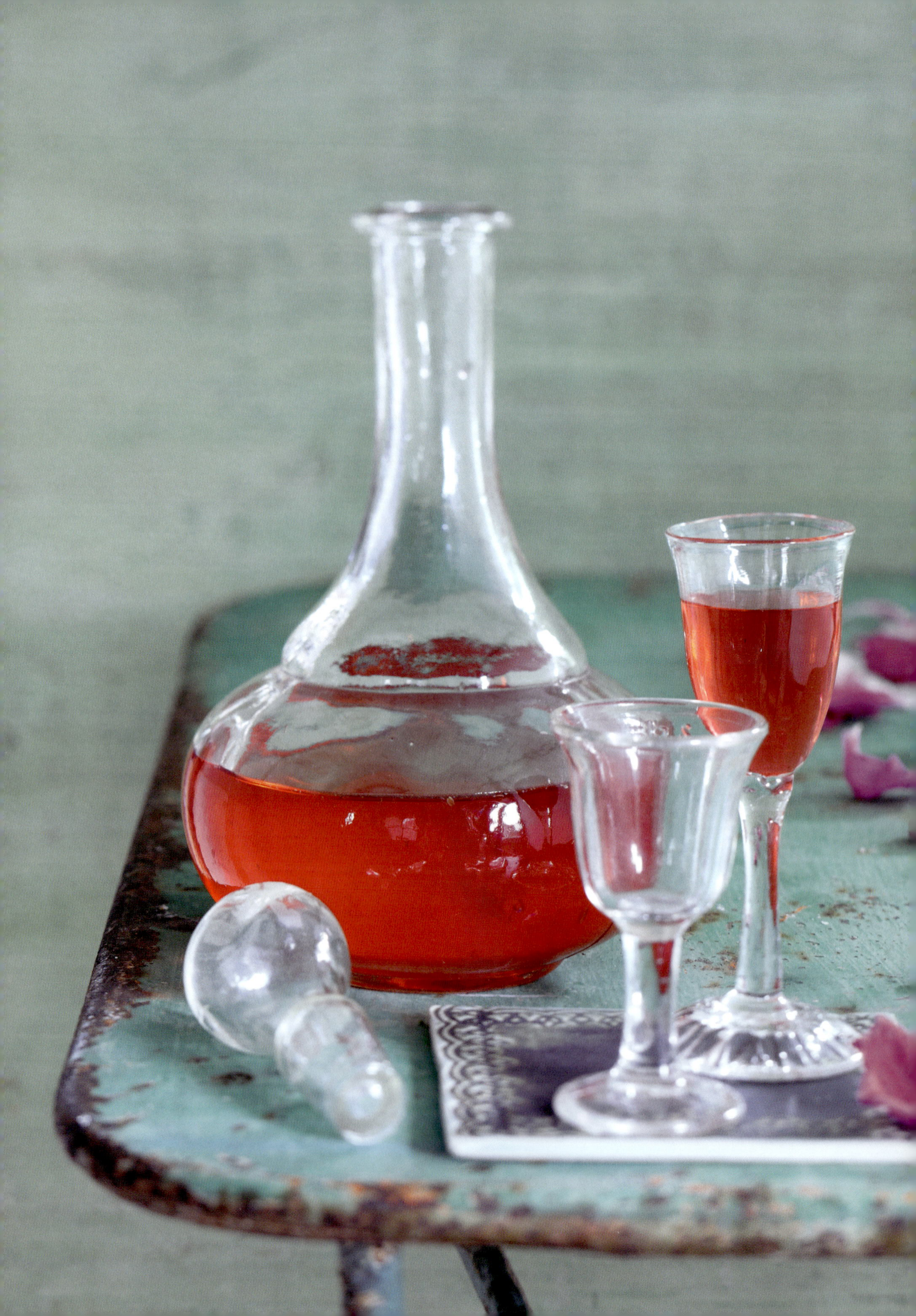

Rosenlikör

Für 2 Flaschen à 500 ml
Zubereitungszeit: 20 Minuten
plus 1 Woche Marinierzeit

30–40 Wildrosenblüten
   (150 g Rosenblütenblätter)
1 Vanilleschote
1 unbehandelte Orange
350 g Zucker
100 ml Wasser
1 Päckchen Zitronensäure
1 Flasche Wodka (750 ml) oder
   weißer Rum oder Gin

Die Rosenblütenblätter von den Blütenstielen zupfen und in ein hohes Weckglas geben.

Die Vanilleschote längs aufschlitzen und das Mark herauskratzen. Die Orange waschen, abtrocknen und dünn abschälen, sodass keine weiße Haut mit entfernt wird. Zucker, Wasser Vanilleschote, Vanillemark, Orangenschale und Zitronensäure aufkochen.
Den Sud lauwarm abkühlen lassen und den Wodka hinzufügen.

Die Zucker-Wodka-Mischung über die Rosenblütenblätter gießen und mindestens 1 Woche zugedeckt stehen lassen. Ab und zu umrühren.

Nach 1 Woche den Sud durch ein Sieb gießen, dabei die Rosenblütenblätter kräftig auspressen. Den Likör in Flaschen füllen und diese verschließen.

Tipp:
Besonders aromatisch schmeckt der Likör, wenn Sie Rohr- oder Muscovadozucker verwenden. Dann ist der Likör allerdings nicht leuchtend rot, sondern hat eine bräunlichrote Farbe.

Rosen-Chili-Essig

Für 4 Flaschen à 250 ml
Zubereitungszeit: 15 Minuten
plus 1 Woche Marinierzeit

30 Wildrosenblüten
   (100 g Rosenblütenblätter)
1 Chilischote
1 l weißer Balsamicoessig oder anderer Weißweinessig

Die Rosenblütenblätter von den Blütenstielen zupfen und in ein hohes Weckglas geben. Die Chilischote mit den Kernen fein hacken. Über die Rosenblütenblätter geben. Den Essig darübergießen. Mindestens 1 Woche zugedeckt stehen lassen.

Den Sud durch ein Sieb gießen, dabei die Rosenblütenblätter gut ausdrücken. Den Rosen-Chili-Essig in 4 kleine Flaschen füllen und diese verschließen.

Tipp:
Dieser aromatische Essig eignet sich besonders für Salate, aber auch zur Verfeinerung von würzigen Saucen zu Wildgerichten.

Rosenchutney

Für 4 Gläser à 250 ml
Zubereitungszeit: 30 Minuten

30 Wildrosen- oder
 Duftrosenblüten
1 reife Mango
350 g Aprikosen
20 g Ingwer
1 Chilischote
1 Vanilleschote
1 TL Zimt
250 g Gelierzucker 3:1
4 EL Rosenessig oder
 weißer Balsamicoessig

Die Rosenblütenblätter von den Blütenstielen zupfen. Die Mango schälen, Stein entfernen und das Fruchtfleisch in Würfel schneiden. Die Aprikosen waschen und in einem Sieb abtropfen lassen. Die Aprikosen halbieren, Steine entfernen und das Fruchtfleisch würfeln.

Den Ingwer schälen und fein hacken. Die Chilischote mit den Kernen fein hacken. Die Vanilleschote längs aufschlitzen und das Mark herauskratzen.

Mango, Aprikosen, Rosenblütenblätter, Ingwer, Chili, Vanillemark, Vanilleschote, Zimt, Gelierzucker und Essig in einen Topf geben. Unter Rühren langsam aufkochen lassen.

Nach Packungsanleitung 3 Minuten sprudelnd kochen lassen und anschließend die Gläser randvoll füllen. Sofort die Deckel daraufschrauben. Die Gläser 5 Minuten auf den Deckel stellen. Anschließend wieder umdrehen und erkalten lassen.

Schmeckt zu würzigem Käse, gebratenem zarten Fleisch oder Fisch.

Rosenpuffer

Für 4 Personen
Zubereitungszeit: 30 Minuten

10 Wildrosen- oder
　Duftrosenblüten
1 unbehandelte Limette
3 Eier
1 Prise Salz
250 g Ricotta
2 Päckchen Vanillepudding-
　pulver
60 g Butterschmalz
4 EL Rosenblütensirup
　(siehe Seite 124)

Die Rosenblütenblätter von den Blütenstielen zupfen. Die Limette waschen, abtrocknen und die Schale dünn abreiben.

Die Eier trennen. Die Eiweiße mit Salz steif schlagen. Den Ricotta mit Vanillepuddingpulver und Eigelben verrühren. Das steif geschlagene Eiweiß und die Rosenblütenblätter vorsichtig unterheben.

Das Butterschmalz in einer beschichteten Pfanne erhitzen und nacheinander 12 kleine Puffer von beiden Seiten 4–5 Minuten bei mittlerer Hitze goldbraun backen.

Die Puffer mit etwas Rosenblütensirup beträufelt servieren.

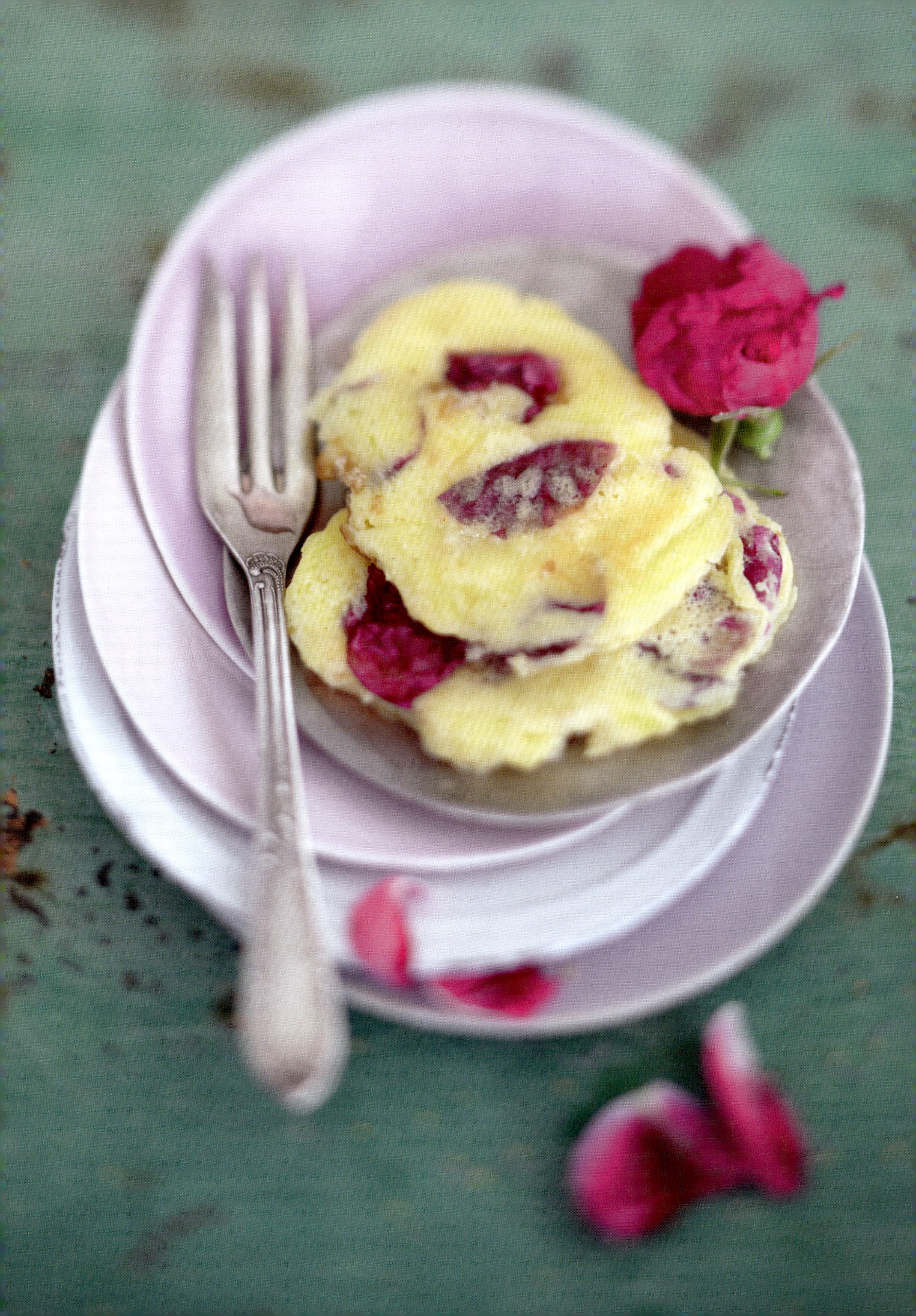

Ringel, Ringel, Reihe,

wir sind der Kinder dreie,

wir sitzen unterm Hollerbusch

und machen alle husch, husch, husch.

Der Kinderreim zeigt: Der Sommer steht vor der Tür, nun kommt die Zeit für Spiel und Tanz. Jetzt trägt der Holunderbaum seine cremeweißen Blüten, und der Wind trägt die Süße seines Dufts durch die Lüfte. Ein Duft, den man zu schätzen lernt und nie mehr vergisst.

Holunderblüten

Es ist ein wunderbar warmer Tag. Die Sonne steht hoch am Himmel, die Tage bis zur Mittsommernacht sind gezählt. Endlich ist das Kalenderblatt des Juni aufgeblättert und hat Sommergefühle im Gepäck.

Gleich mache ich mich auf zur Holunderblütenernte und bin aus Vorfreude ausgelassen und fröhlich. Schnell noch die Ernteschale und die Schere holen, und dann geht's los auf die Felder. Dort steht ein prachtvoller Holunderbaum, der mich jedes Jahr aufs Neue einlädt von seinen Blüten und Beeren reichlich zu ernten. Der Duft seiner Blüten wird durch die Luft getragen und lässt mich beschwingt ein Liedchen trällern.

Doch vor der Ernte gilt es kurz innezuhalten, zählt der Holunder doch zu den heiligen Bäumen unserer Vorfahren. »Vor dem Holunder ziehe deinen Hut herunter«, lautet ein alter Spruch. Er will uns auf die großen Heilkräfte und die mythologische Bedeutung des Baums aufmerksam machen. Viele Geschichten und Märchen ranken sich um diesen magischen Baum. In Dänemark heißt es, dass eine Druidin mit dem Namen Hylde-Moer die Wächterin des Holunderbaums sei und in seinen Ästen wohne. Wächst ein Holunderbaum nah am Haus, wacht sie auch über die Menschen, die dort wohnen.

Und wir alle kennen das Märchen von Frau Holle, die Hüterin über das jenseitige Leben ist und die Guten belohnt. Auch sie steht symbolisch für die Kräfte des Holunders. Aus dem Holz fertigte man Amulette, die dem Träger Schutz und Gesundheit gewährleisten sollten. Ältere Menschen wissen möglicherweise noch, dass man aus den mit weißem Mark gefüllten Ästen Flöten schnitzte – vielleicht hat man damit bösen Geistern den Marsch geblasen.

Die Blüten sind ein altbewährtes Mittel bei grippalen Infekten und werden als Tee gereicht. Sie sollen die Abwehrkräfte stärken, fiebersenkend und schweißfördernd sein. Heute ist auch die positive Wirkung bei Nasennebenhöhlenentzündungen bekannt. Wer also ständig erkältet ist und unter Bronchialkatarrh leidet, ist mit der Holunderblüte bestens bedient.

Wenn es warm ist und die Sonne vom blauen Himmel scheint, strotzen die wie tausend kleine Sternchen aussehenden Dolden (Scheindolden) nur so vor Blütenstaub, der sich zartgelb auf die Hände legt. Die Ernteschüssel verwendet man am besten gleich für den Ansatz von Sirup oder Gelee, so geht kein Hauch des Blütenstaubs verloren. Insekten, die in den Blüten sitzen können, lässt man zuvor noch etwas Zeit, um sich ein neues Zuhause zu suchen, bevor die entsprechende Ansatzflüssigkeit zu den Holunderblüten kommt. Je nach Rezept lässt man den Ansatz mindestens einen Tag ziehen.

Die Holunderblüte gehört zu den besonderen Schätzen der Natur. Ihr einzigartiger Duft lässt sich wunderbar konservieren und zaubert immer wieder ein zufriedenes Lächeln auf mein Gesicht. Lassen Sie sich ebenfalls anstecken!

Holunderblüten-Erdbeer-Gelee

Für 5 Gläser à 250 ml
Zubereitungszeit: 45 Minuten
plus 12 Stunden Ruhezeit

25 Holunderblütendolden
1 kg Erdbeeren
3–4 pinkfarbene Grapefruits
1 Päckchen Zitronensäure
500 g Gelierzucker 2:1
1 Holunderblütendolde,
   in 5 kleine Dolden gezupft

Die Holunderblütenstiele abschneiden. Die Erdbeeren waschen, putzen und in Stücke schneiden. Die Grapefruits auspressen.

Grapefruitsaft, Erdbeeren und Zitronensäure aufkochen. Die Holunderblüten in den heißen Sud geben und über Nacht ziehen lassen.

Den Erdbeer-Holunder-Sud durch ein feines Sieb gießen, dabei die Erdbeeren und Holunderblüten kräftig ausdrücken. Den Erdbeer-Holunder-Sud abmessen, es sollten etwa 750 ml sein. Falls zu wenig Sud vorhanden ist, mit Grapefruitsaft auffüllen. Den Erdbeer-Holunder-Sud in einen Topf geben. Den Gelierzucker hinzufügen und verrühren. Unter Rühren aufkochen. Den Sud unter Rühren 3 Minuten sprudelnd kochen. Den dabei entstehenden Schaum mit einer Schöpfkelle entfernen.

In jedes Glas einen Teil einer Holunderblütendolde legen. Den heißen Sud darübergießen. Die randvollen Gläser sofort mit den Deckeln verschließen. Die Gläser 5 Minuten auf den Deckel stellen. Anschließend wieder umdrehen und erkalten lassen.

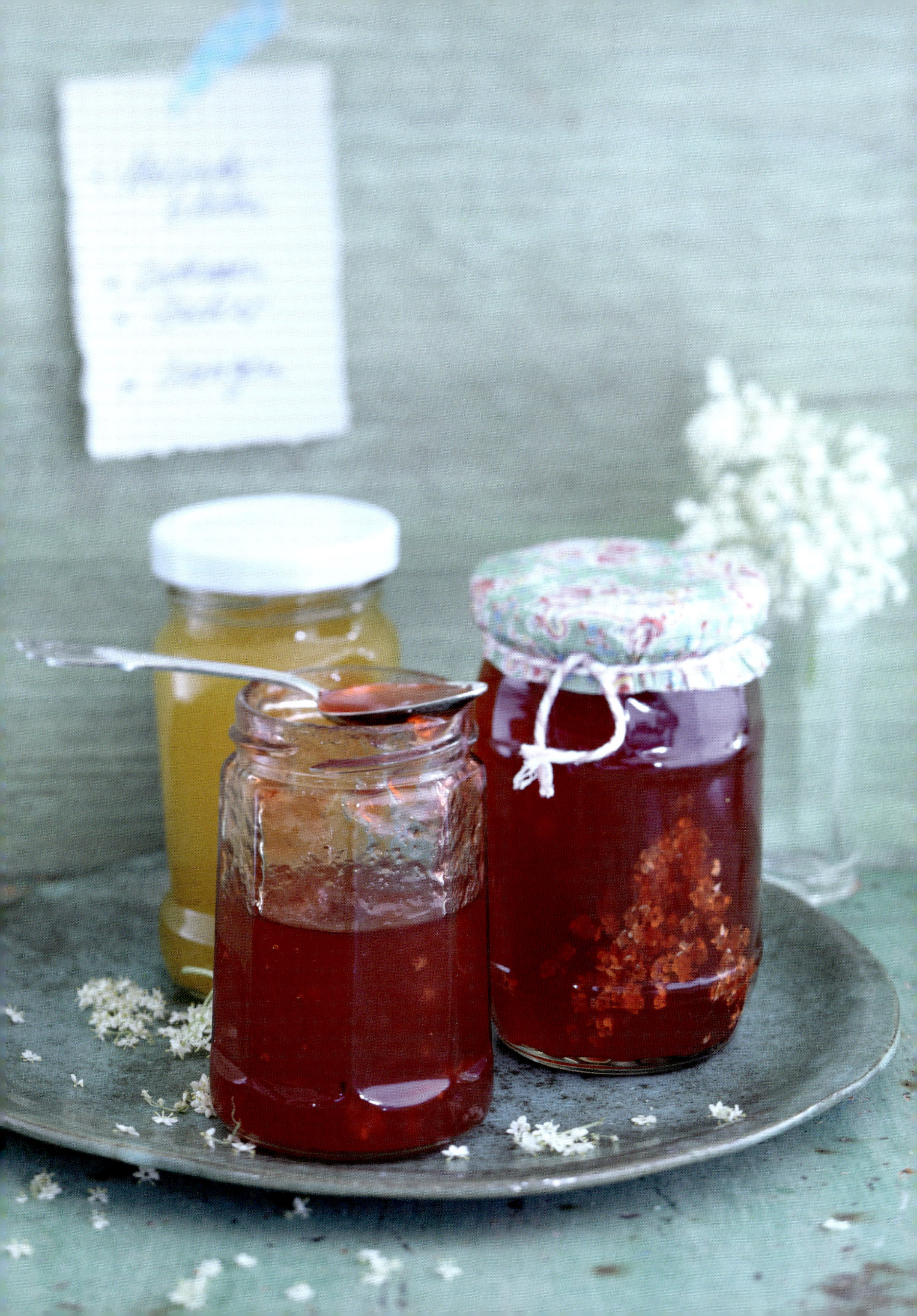

Holunderblüten-Orangen-Gelee

Für 5 Gläser à 250 ml
Zubereitungszeit: 30 Minuten
plus 12 Stunden Ruhezeit

25 Holunderblütendolden
8–10 Orangen (800 ml Saft)
1 Päckchen Zitronensäure
500 g Gelierzucker 2:1

Die Holunderblütenstiele abschneiden. Die Orangen auspressen.

Orangensaft und Zitronensäure aufkochen. Die Holunderblüten in den heißen Sud geben und über Nacht ziehen lassen.

Den Holunder-Orangen-Sud durch ein feines Sieb gießen, dabei die Holunderblüten kräftig ausdrücken. Den Holunder-Orangen-Sud abmessen, es sollten etwa 750 ml sein. Falls zu wenig Sud vorhanden ist, mit Orangensaft auffüllen. Den Holunder-Orangen-Sud in einen Topf geben. Den Gelierzucker hinzufügen und verrühren. Unter Rühren aufkochen. Den Sud unter Rühren 3 Minuten sprudelnd kochen. Den dabei entstehenden Schaum mit einer Schöpfkelle entfernen.

Den heißen Sud in Gläser füllen. Die randvollen Gläser sofort mit den Deckeln verschließen. Die Gläser 5 Minuten auf den Deckel stellen. Anschließend wieder umdrehen und erkalten lassen.

Holunderblütensirup

Zubereitungszeit: 40 Minuten
plus 3 Tage Ruhezeit

1½ kg Zucker
1½ l Wasser
2 unbehandelte Zitronen
50 g Zitronensäure
25 Holunderblütendolden

Zucker und Wasser aufkochen und abkühlen lassen. Die Zitronen waschen und in Scheiben schneiden. Mit der Zitronensäure zum Zuckersirup geben.

Die Blütendolden ungewaschen in eine Schüssel geben. Den Zucker-Zitronen-Sirup darübergießen, umrühren und zugedeckt an einem kühlen Ort 3 Tage stehen lassen, ab und zu umrühren.

Den Sirup durch ein mit einem Mulltuch ausgelegtes Sieb gießen. Sirup 2 Minuten aufkochen, sofort in heiß ausgespülte Flaschen füllen und diese verschließen. Im Kühlschrank aufbewahren.

Holunder-Buttermilch-Brot

Für 1 Brot
Zubereitungszeit: 25 Minuten
plus 5–6 Stunden Marinierzeit,
50 Minuten Ruhezeit und
35 Minuten Backzeit

10 Holunderblütendolden
250 ml lauwarme Buttermilch
1 unbehandelte Limette
500 g Mehl
100 g Zucker
1 Prise Salz
20 g Hefe
2 Eier (Größe M)
100 g flüssige, abgekühlte
    Butter
1 Eiweiß
40 g Mandelblättchen

Die Holunderblütenstiele abschneiden. Die Blüten mit der lauwarmen Buttermilch übergießen und mindestens 3–4 Stunden ziehen lassen. Den Buttermilchsud durch ein Sieb gießen und mindestens 2 Stunden ziehen lassen.

Die Limette waschen, abtrocknen und die Schale dünn abreiben. Für den Hefeteig Mehl, 90 g Zucker, Limettenschale und Salz in eine Rührschüssel geben. Die Hefe in die Buttermilch bröckeln, 1 TL Zucker darüberstreuen und verrühren, bis sich die Hefe aufgelöst hat. Hefebuttermilch, Eier und Butter zum Mehlgemisch geben und mit den Knethaken des Handrührgeräts mindestens 3 Minuten verkneten.

Den Teig mit einem Küchentuch abdecken und an einem warmen Ort etwa 35 Minuten gehen lassen. Den Hefeteig nochmals gründlich kneten. Falls der Teig zu klebrig ist, noch etwas Mehl (3–5 EL) unterkneten. Den Teig auf einer bemehlten Arbeitsfläche zu einem runden Brotlaib formen. Das Brot auf ein mit Backpapier belegtes Backblech legen. Mit Eiweiß bepinseln und mit Mandelblättchen verzieren. 15 Minuten ruhen lassen.

Das Brot im vorgeheizten Ofen bei 180 Grad (Umluft 160 Grad) auf der untersten Schiene etwa 35 Minuten backen.

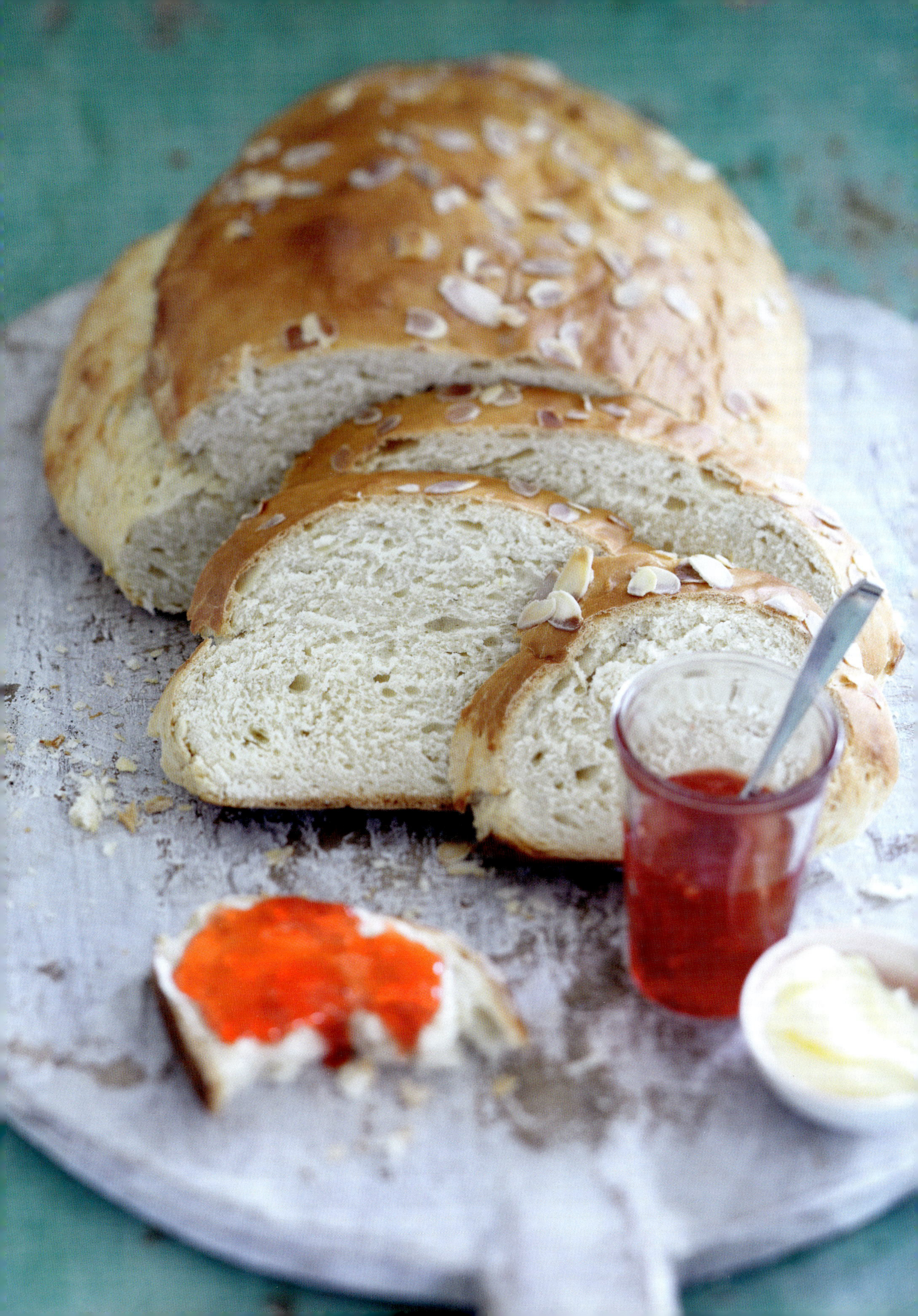

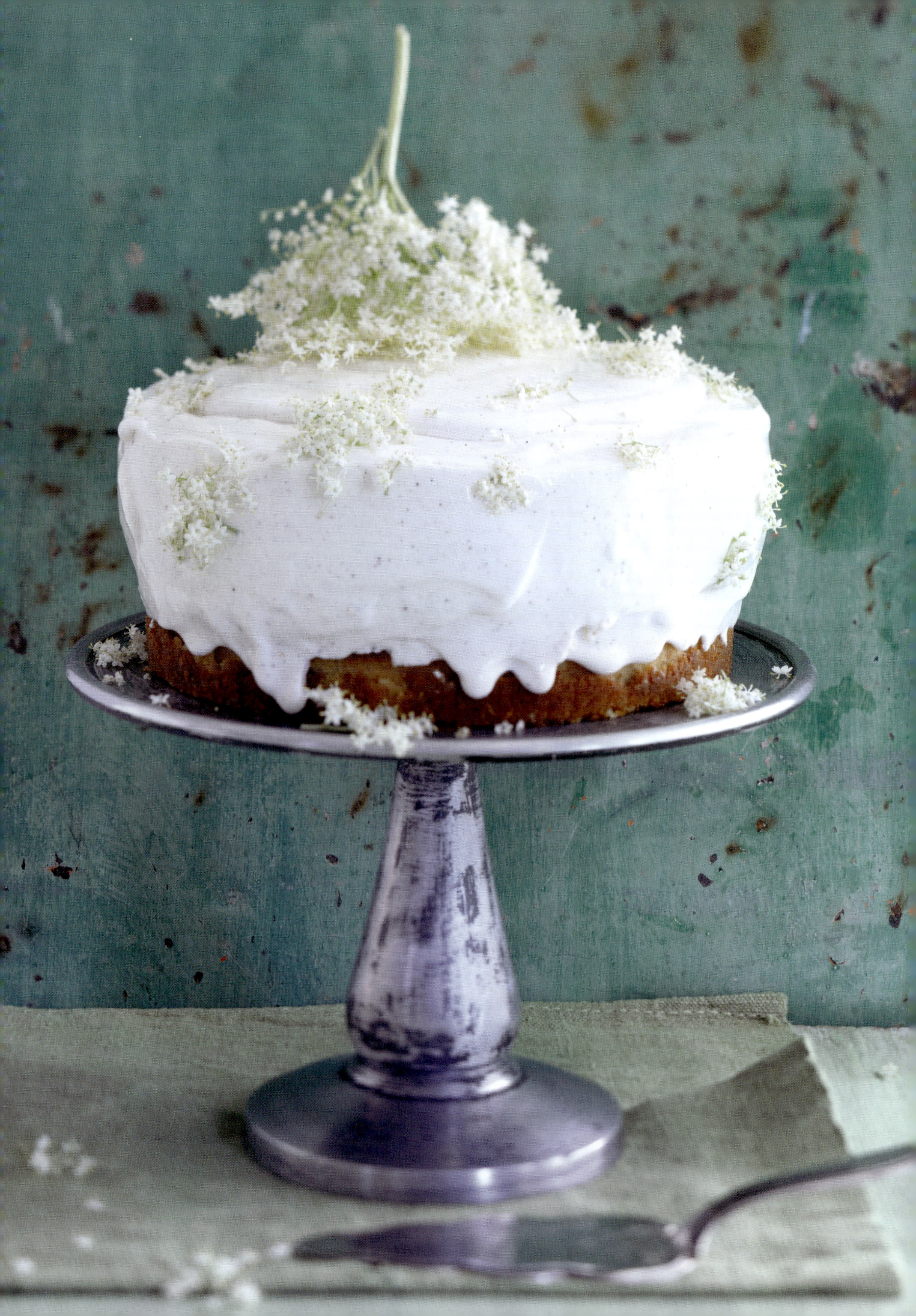

Holunder-Quark-Torte

Zubereitungszeit: 50 Minuten plus 30–35 Minuten Back- und etwa 2 Stunden Kühlzeit

3 Eier
120 g Puderzucker
1 Prise Salz
150 g flüssige, abgekühlte Butter
150 ml Buttermilch
150 g Mehl
1 Päckchen Vanillepuddingpulver
3 TL Backpulver
250 ml Holunderblütensirup (siehe Seite 141)
7 Blatt Gelatine
1 unbehandelte Zitrone
3 Päckchen Bourbonvanillezucker
750 g Speisequark (20 % Fett)
250 g Mascarpone
500 ml Sahne (Rahm)
3 Holunderblütendolden

Eier, Puderzucker und Salz mindestens 5 Minuten schaumig schlagen. Butter und Buttermilch unterrühren. Mehl, Vanillepuddingpulver und Backpulver mischen und kurz unter die Masse rühren.

Die Masse in eine mit Backpapier ausgelegte Springform (26 cm) füllen. Im vorgeheizten Ofen bei 175 Grad (Umluft 160 Grad) 30–35 Minuten backen.

Mit einem Holzstäbchen mehrmals in den noch heißen Tortenboden stechen. 100 ml Holunderblütensirup auf den Kuchen geben. Auf einem Kuchengitter etwas abkühlen lassen. Den Springformrand lösen und den Tortenboden ganz abkühlen lassen.

Die Gelatine in reichlich kaltem Wasser einweichen. Die Zitrone waschen, abtrocknen und die Schale dünn abreiben. Den Saft auspressen. Restlichen Holunderblütensaft, Zitronensaft und -schale, Vanillezucker, Quark und Mascarpone in eine Schüssel geben und glatt rühren.

Die Gelatine ausdrücken und nach Packungsanweisung auflösen. 8 EL von der Quarkmasse in die Gelatine rühren und diese dann unter Rühren unter die restliche Quarkmasse rühren. Etwa 10 Minuten kalt stellen.

Um den Tortenboden einen Tortenring legen. Die Sahne steif schlagen. Sobald die Quarkmasse zu gelieren beginnt, nochmals verrühren und vorsichtig die Sahne unterheben. Die Quark-Sahne-Masse auf den Tortenboden geben. Mit Holunderblüten verzieren.

Wald

Die Heidelbeere

Verlockend hängt im Morgentau

Die Heidelbeere elfenblau

Nach Beerensitte, altem Brauch

Verweilt geduldig sie am Strauch

Für Tier und Mensch hat sie geblüht

Erst weiß, dann rosa sich bemüht

Zu werden eine grüne Beere

Nahm zu so nach und nach an Schwere

Der Nebelschleier hellstes Grau

Vermischte sich mit Himmels Blau

Nun so zu leuchten wie die Nacht

Zu schmecken gleich der Himmelsmacht

Margit Farwig

heidelbeeren, Melde und ihre Freunde

Meine Kindheitserinnerungen an die Heidelbeere – je nach Region auch Blaubeere, Schwarzbeere, Mollbeere, Wildbeere, Moosbeere, Heubeere oder Bickbeere genannt – sind geprägt durch Fröhlichkeit. In den Monaten Juli und August verbrachten wir oft ganze Tage im nahen Wald. Bewaffnet mit kleinen Körbchen, einem Gürtel zum Umschnallen und einem Extrakorb mit Himbeersaft und Broten zogen wir los.

Vor Ort angekommen – in Laub- oder Nadelwäldern, besonders in Kiefern- und Gebirgsfichtenwäldern, wo die Heidelbeeren als Halbschattengewächse wachsen –, sammelten meine Mutter, meine Schwester, meine zwei Brüder und ich fleißig drauflos. Meine Mutter schaffte es in einem Jahr auf über neunzig Pfund Heidelbeeren – was für eine Arbeit! Zu Hause wurden die »Früchtchen« gewogen und die Ausbeute in einem kleinen Buch notiert. Der größte Spaß war dann das gemeinsame Zubereiten des Teigs, aus dem meine Mutter Berge von Pfannkuchen backte. Diese bestreuten wir mit Zimt und Zucker und vertilgten sie gemeinsam am Küchentisch.

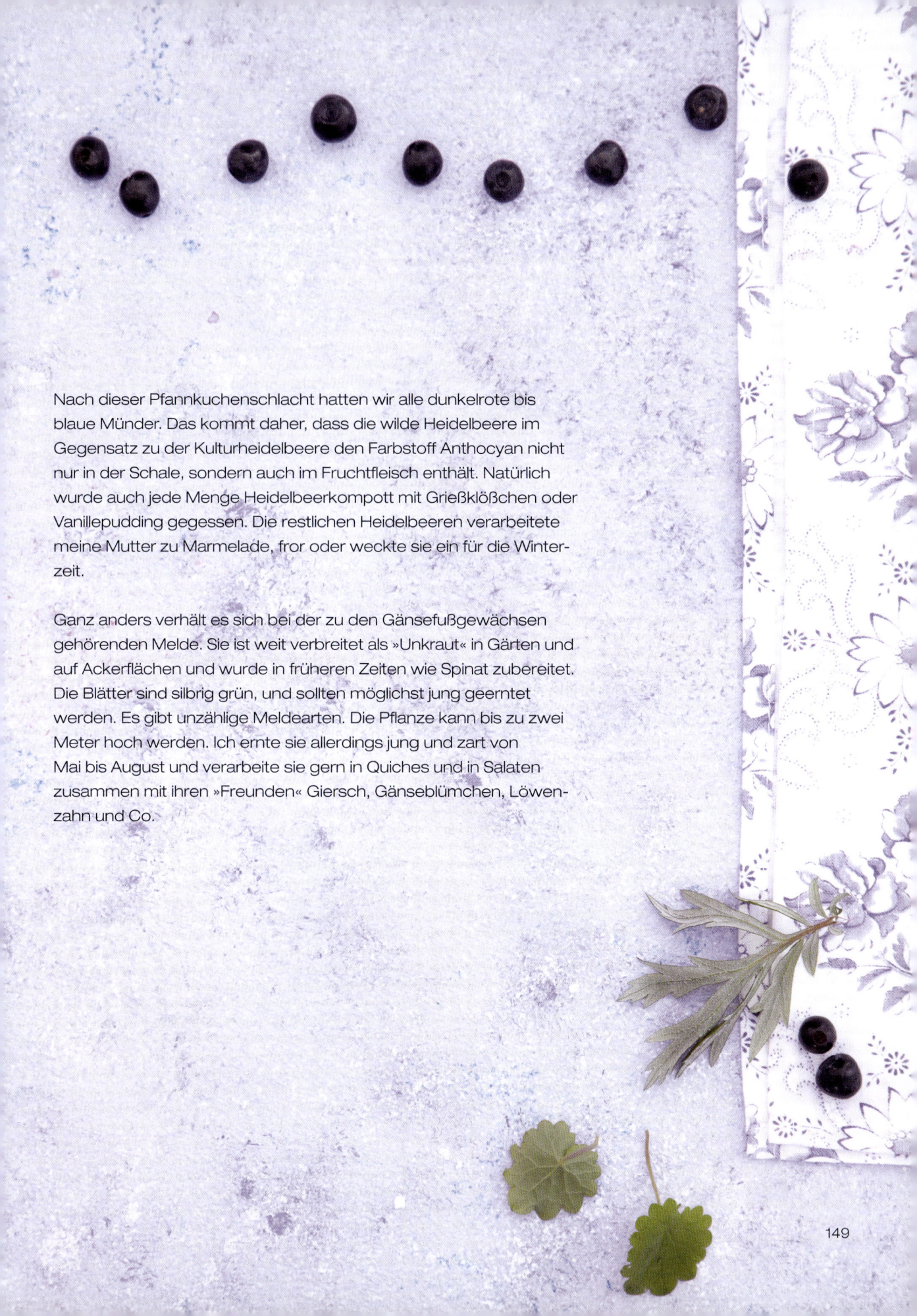

Nach dieser Pfannkuchenschlacht hatten wir alle dunkelrote bis blaue Münder. Das kommt daher, dass die wilde Heidelbeere im Gegensatz zu der Kulturheidelbeere den Farbstoff Anthocyan nicht nur in der Schale, sondern auch im Fruchtfleisch enthält. Natürlich wurde auch jede Menge Heidelbeerkompott mit Grießklößchen oder Vanillepudding gegessen. Die restlichen Heidelbeeren verarbeitete meine Mutter zu Marmelade, fror oder weckte sie ein für die Winterzeit.

Ganz anders verhält es sich bei der zu den Gänsefußgewächsen gehörenden Melde. Sie ist weit verbreitet als »Unkraut« in Gärten und auf Ackerflächen und wurde in früheren Zeiten wie Spinat zubereitet. Die Blätter sind silbrig grün, und sollten möglichst jung geerntet werden. Es gibt unzählige Meldearten. Die Pflanze kann bis zu zwei Meter hoch werden. Ich ernte sie allerdings jung und zart von Mai bis August und verarbeite sie gern in Quiches und in Salaten zusammen mit ihren »Freunden« Giersch, Gänseblümchen, Löwenzahn und Co.

Waldheidelbeersalat mit Hähnchenbrust

Für 4 Personen
Zubereitungszeit: 30 Minuten

100 g gemischte Wildkräuter
    (z. B. Giersch, Melde, Löwenzahn)
250 g Waldheidelbeeren
1 Chilischote
1 unbehandelte Limette
8 EL Olivenöl
2 EL Himbeeressig
1 TL Honig
400 g Hähnchenbrustfilet
4 Stiele wilder Thymian

Die Wildkräuter waschen und in einem Sieb abtropfen lassen oder mit einem Tuch trocken tupfen. Die Heidelbeeren waschen und abtropfen lassen. Die Chilischote längs aufschneiden, die Kerne entfernen und fein hacken. Die Limette waschen, abtrocknen und die Schale dünn abreiben.

6 EL Olivenöl, Himbeeressig, Honig, Chili und Limettenschale verrühren.

Die Hähnchenbrustfilets in Würfel schneiden. Auf Holzspieße stecken. Das restliche Olivenöl erhitzen und das Fleisch darin mit Thymian rundherum 5 Minuten braten.

Wildkräuter und Heidelbeeren mit der Vinaigrette in eine Schüssel geben und vorsichtig mischen. Mit den Hähnchenbrustspießen servieren.

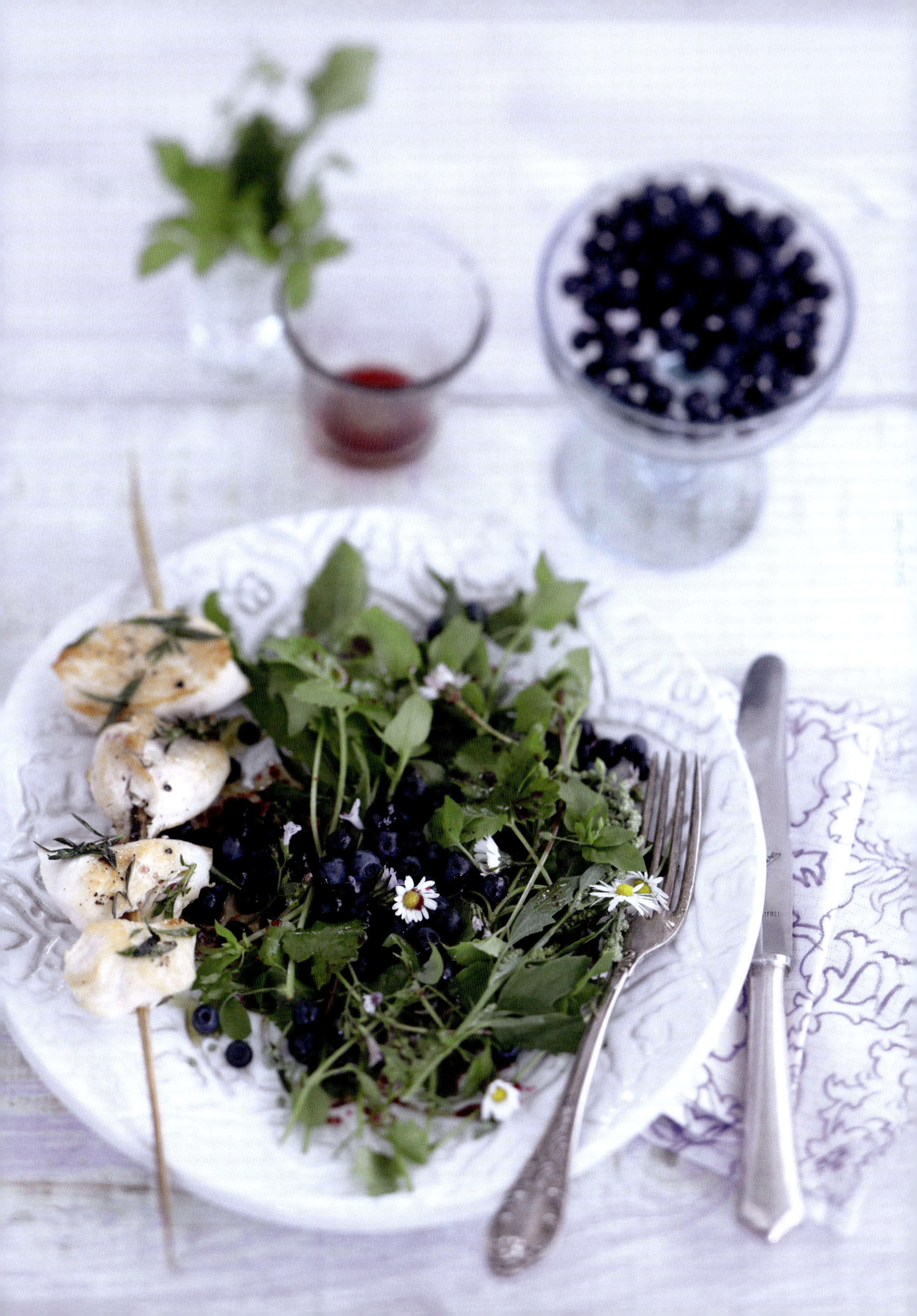

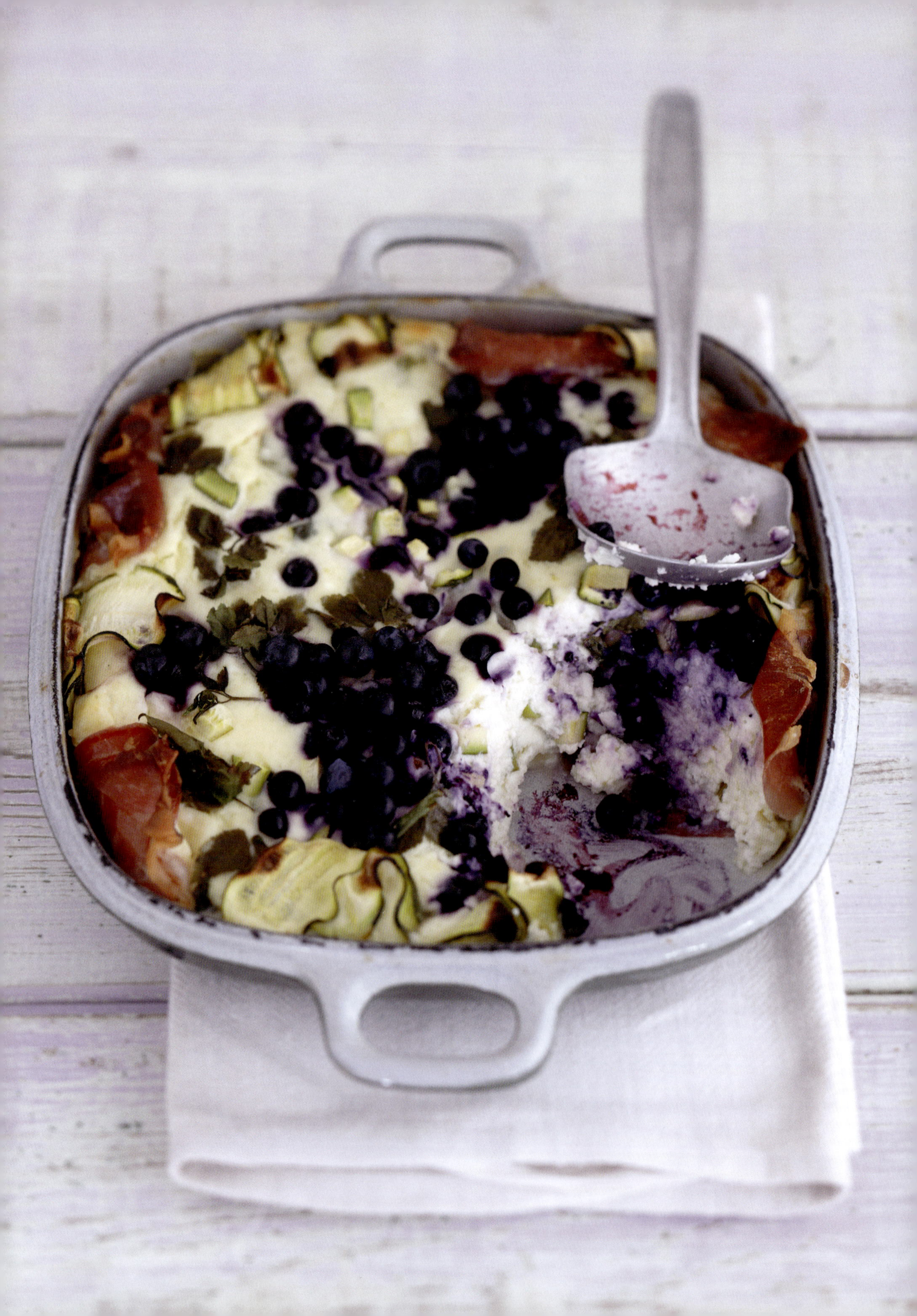

Waldheidelbeer-Schafskäse-Auflauf

Für 4 Personen
Zubereitungszeit: 20 Minuten

400 g Waldheidelbeeren
1 unbehandelte Zitrone
200 g Schafskäse
100 g Parmesan
3 Stiele Rosmarin
2 Stiele Salbei
50 g sehr weiche Butter
3 Eier
250 g Ricotta
1 TL Chiliflocken
Meersalz
2 kleine Zucchini (400 g)
100 g luftgetrockneter Schinken in hauchdünnen Scheiben oder Schwarzwälder Schinken

Die Heidelbeeren waschen und in einem Sieb abtropfen lassen. Die Zitrone waschen, abtrocknen und die Schale dünn abreiben. Den Schafskäse fein zerbröseln. Den Parmesan reiben. Rosmarin und Salbei waschen und trocken tupfen; die Rosmarinnadeln und Salbeiblätter von den Stielen zupfen und fein hacken.

Die Butter cremig rühren. Eier, Ricotta, Schafskäse, Parmesan, Chiliflocken, Kräuter und Zitronenschale mit der Butter verrühren. Mit Salz würzen.

Die Zucchini waschen, den Stielansatz entfernen. Eine Zucchini der Länge nach in hauchdünne Scheiben schneiden oder hobeln. Die andere Zucchini sehr fein würfeln.

Eine eingefettete eckige Auflaufform abwechselnd mit Schinken- und Zucchinischeiben auslegen.

Zwei Drittel der Zucchiniwürfel und der Heidelbeeren unter die Käsemasse heben. Masse in die Auflaufform füllen. Restliche Zucchiniwürfel und Heidelbeeren auf den Auflauf geben. Im vorgeheizten Ofen bei 180 Grad (Umluft 160 Grad) etwa 35 Minuten backen.

Meldetörtchen

Für 6 Stück
Zubereitungszeit: 35 Minuten
plus 30 Minuten Kühl- und
20–25 Minuten Backzeit

250 g Mehl
1 Eigelb
160 g Butter
2 EL eiskaltes Wasser
Salz
250 g Waldheidelbeeren
150 g Melde
Cayennepfeffer
100 g Parmesan
125 ml Sahne (Rahm)
2 Eier (Größe M)

Mehl, Eigelb, 125 g Butterflöckchen, Wasser und Salz in eine Schüssel geben und zu einem glatten Mürbeteig verkneten. Den Teig zugedeckt etwa 30 Minuten kalt stellen.

Die Heidelbeeren waschen und in einem Sieb abtropfen lassen. Die Melde waschen und in einem Sieb abtropfen lassen oder mit einem Tuch trocken tupfen. Die Meldeblätter von den Stielen zupfen. In heißer Butter schwenken, bis sie zusammengefallen sind. Sofort aus der Pfanne nehmen, mit Salz und Cayennepfeffer würzen und abkühlen lassen.

Den Parmesan reiben. Mit Sahne, Eiern, Cayennepfeffer und Salz verrühren.

Den Mürbeteig in 6 eingefettete Tarteletteformen (10 cm) mit herausnehmbarem Boden geben, den Teig am Rand hochdrücken.

Die Melde auf den Teig geben und mit der Parmesan-Sahne-Mischung übergießen. Im vorgeheizten Ofen bei 190 Grad (Umluft 170 Grad) auf der untersten Schiene 20–25 Minuten backen.

Auf einem Kuchengitter etwas abkühlen lassen. Vorsichtig aus den Formen lösen und mit einem Salat, beispielsweise dem Waldheidelbeersalat (Seite 150), servieren.

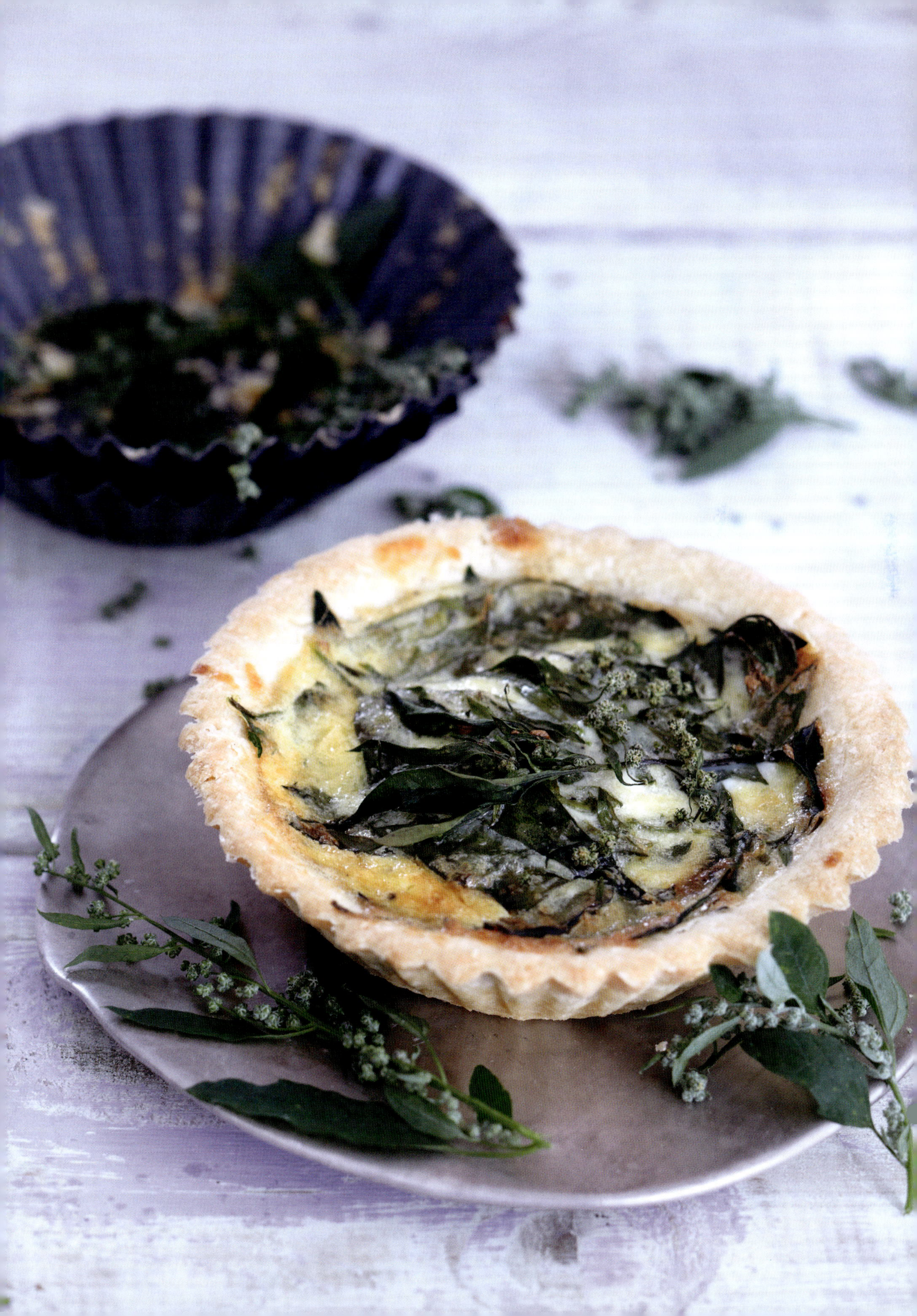

Waldheidelbeer-Palatschinken

Für 4 Personen
Zubereitungszeit: 40 Minuten
plus 20–25 Minuten Backzeit

110 g Mehl
170 ml Milch
5 Eier (Größe M)
1 Prise Salz
50 g Butter
600 g Waldheidelbeeren
5 Stiele Zitronenverbene
100 g Zucker
200 g Quark (20 %)
1 gehäufter EL Sahnepudding-
 pulver
150 ml Sahne (Rahm)
2 EL Puderzucker

Mehl, Milch, 2 Eier und Salz zu einem glatten Teig verrühren. Den Teig 10 Minuten gehen lassen. Die Butter portionsweise in einer beschichteten Pfanne (24 cm) erhitzen. Aus dem Teig 4 Pfannkuchen von beiden Seiten goldbraun ausbacken.

Die Heidelbeeren waschen und abtropfen lassen. Die Zitronenverbene waschen und in einem Sieb abtropfen lassen oder mit einem Tuch trocken tupfen. Die Blätter fein schneiden. Die Heidelbeeren mit 40 g Zucker und Zitronenverbene kurz aufkochen und wieder abkühlen lassen.

2 Eier trennen. Die Eiweiße steif schlagen, dabei 40 g Zucker einrieseln lassen.

Den Quark mit Eigelben und Puddingpulver verrühren. Das Eiweiß unterheben. Die Pfannkuchen mit drei Vierteln der Quarkmasse bestreichen. Mit Heidelbeeren belegen und vorsichtig aufrollen. Die Palatschinken nebeneinander in eine eingefettete Auflaufform legen. Die restliche Quarkmasse darübergeben. Sahne, 1 Ei und den restlichen Zucker verrühren und über die Palatschinken geben.

Im vorgeheizten Ofen bei 200 Grad (Umluft 180 Grad) 20–25 Minuten überbacken.

Mit Puderzucker bestäuben. Die Heidelbeersauce zu den Palatschinken reichen.

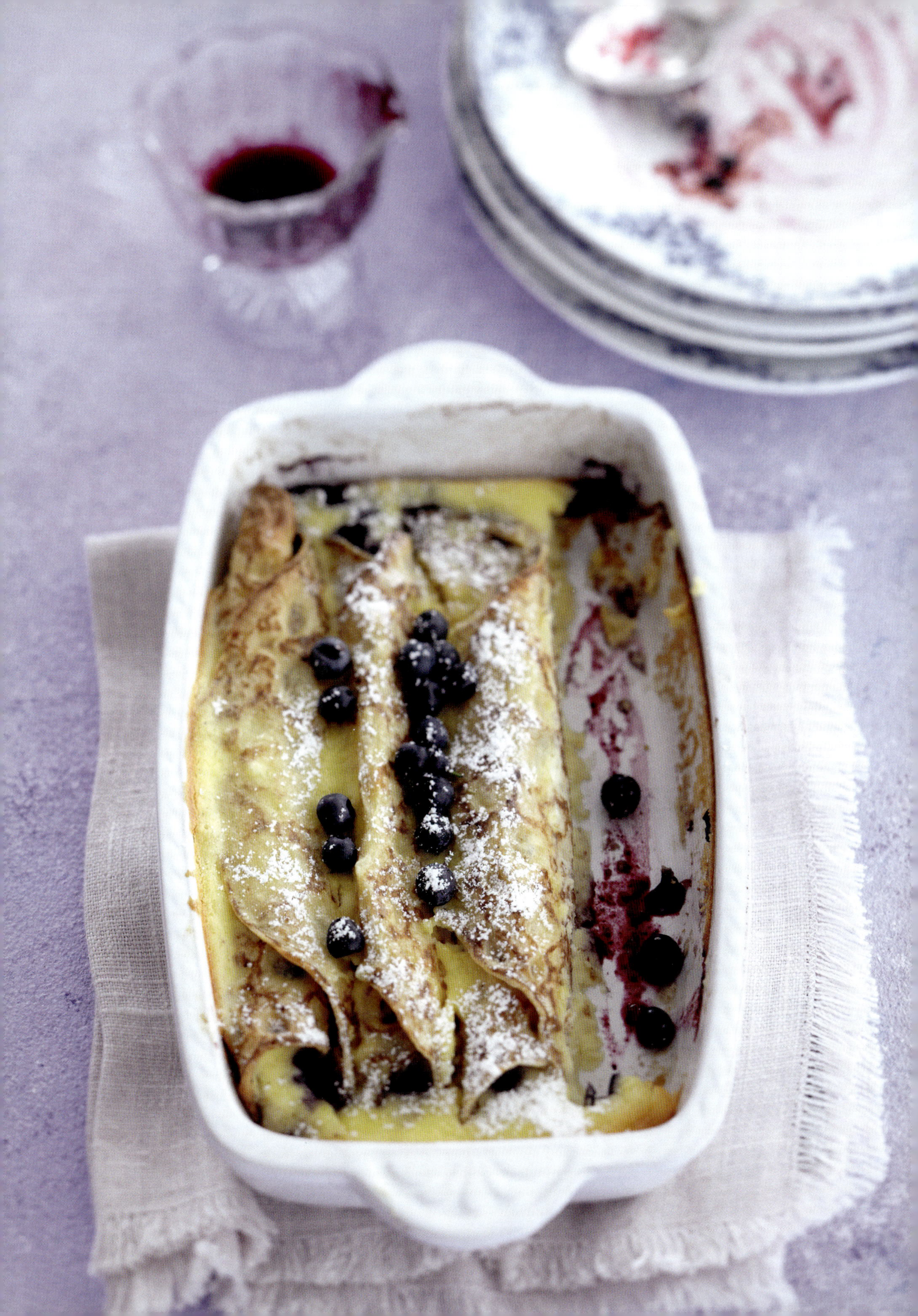

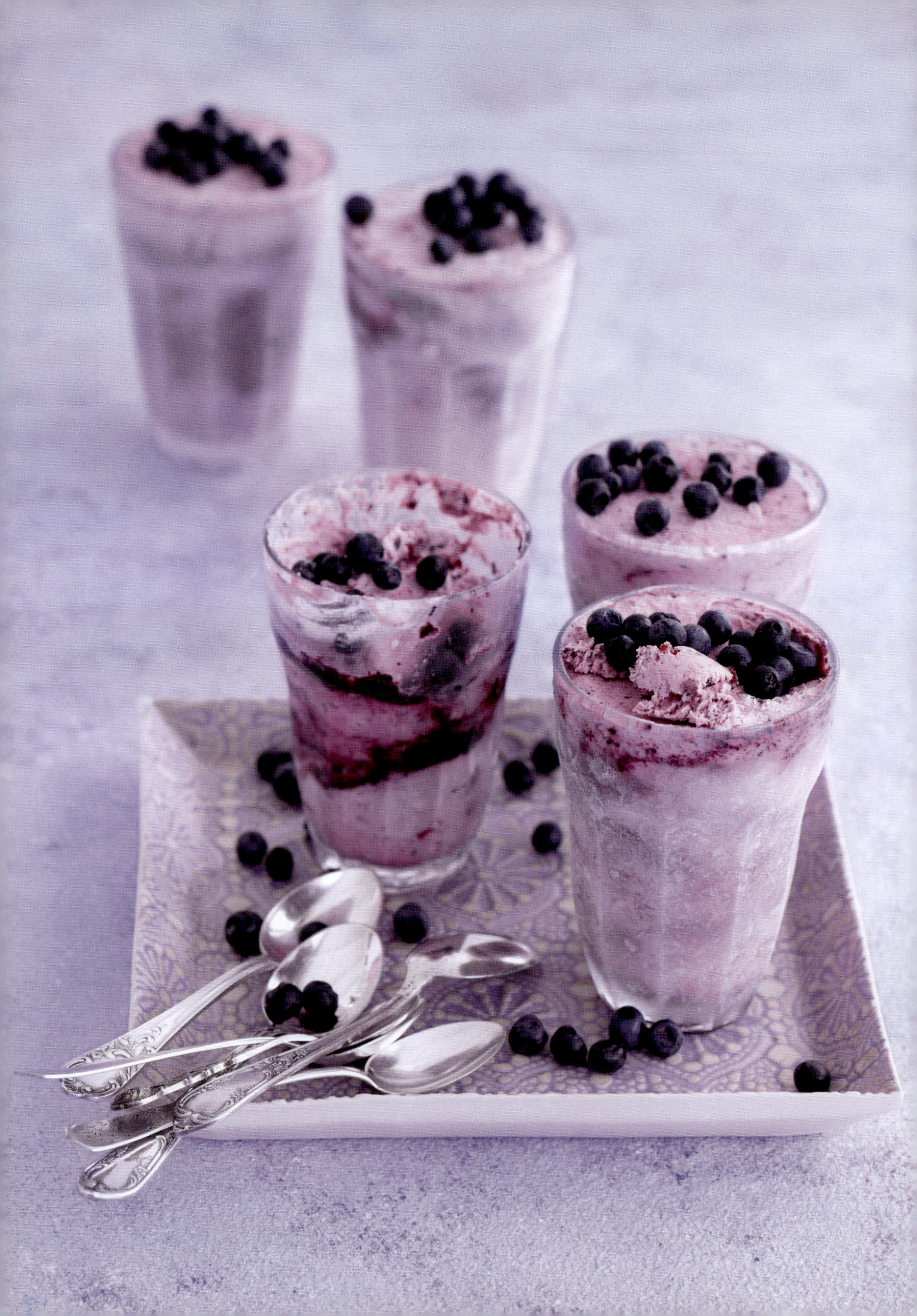

Waldheidelbeerparfait

Für 8 Personen
Zubereitungszeit: 40 Minuten
plus 6 Stunden Gefrierzeit

1 große unbehandelte Limette
500 g Waldheidelbeeren
140 g Zucker
500 ml Sahne (Rahm)
5 Eigelb (Größe M)
2 Päckchen Vanillezucker
150 g Mascarpone

Die Limette waschen, abtrocknen und die Schale dünn abreiben. Den Saft auspressen. Die Heidelbeeren waschen und abtropfen lassen. 100 g für die Verzierung beiseitestellen. Die restlichen Früchte mit 50 g Zucker und 3 EL Limettensaft pürieren. Die Sahne steif schlagen.

Die Eigelbe, 90 g Zucker, Vanillezucker, Limettenschale und restlichen Limettensaft (etwa 5 EL) in eine Metallschüssel geben und über dem heißen Wasserbad mindestens 8 Minuten cremig aufschlagen. Im kalten Wasserbad kalt schlagen. Die Hälfte des Heidelbeerpürees mit dem Mascarpone verrühren, bis eine cremige Masse entstanden ist. Unter die abgekühlte Eimasse heben. Die Sahne vorsichtig unterheben.

Die Parfaitmasse schichtweise mit der Heidelbeersauce in Gläser oder kleine Parfaitformen geben. Das Parfait mindestens 6 Stunden gefrieren lassen. Damit das Parfait zum Verzehr einen schönen Schmelz hat, etwa 20 Minuten vor dem Servieren aus dem Gefrierfach nehmen. Mit den beiseitegestellten Heidelbeeren verzieren.

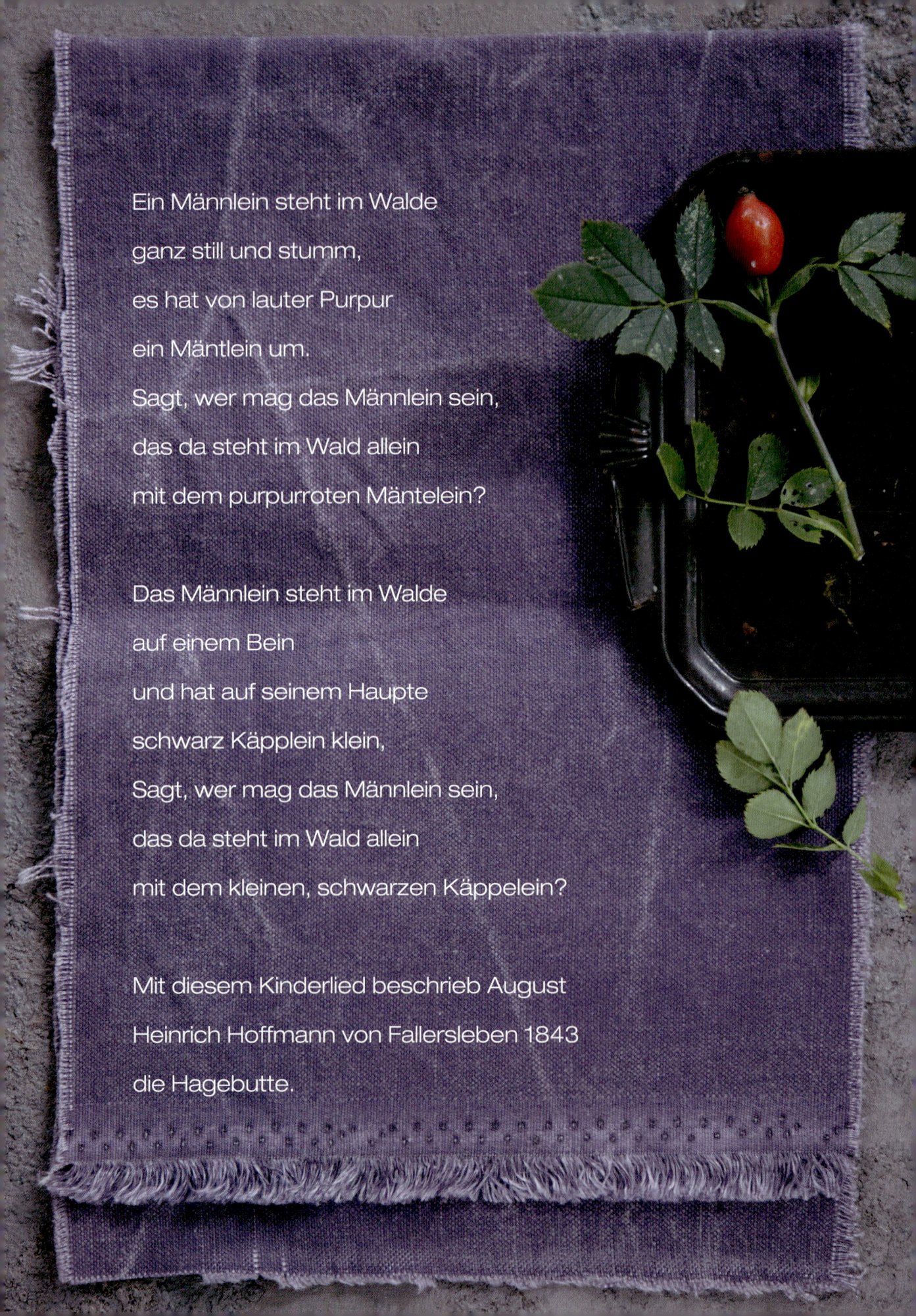

Ein Männlein steht im Walde
ganz still und stumm,
es hat von lauter Purpur
ein Mäntlein um.
Sagt, wer mag das Männlein sein,
das da steht im Wald allein
mit dem purpurroten Mäntelein?

Das Männlein steht im Walde
auf einem Bein
und hat auf seinem Haupte
schwarz Käpplein klein,
Sagt, wer mag das Männlein sein,
das da steht im Wald allein
mit dem kleinen, schwarzen Käppelein?

Mit diesem Kinderlied beschrieb August Heinrich Hoffmann von Fallersleben 1843 die Hagebutte.

Hagebutten

Im Herbst leuchten die Hagebutten in Rot- und Orangetönen mit dem Herbstlaub um die Wette. Schön als kreative Zierde in Blumensträußen, Kränzen und Gestecken und gut für den Kochtopf ist die Hagebutte. Das Rosengewächs heißt auch Rosenbeere, Hägen, Hiefe, Hetscherl oder Mehlbeere, ist reich an Vitamin A, B1, B2 sowie besonders an Vitamin C und eignet sich für die Zubereitung einer großen Vielfalt köstlicher Gerichte.

Zugegeben, mühsam ist es schon, die Hagebutten zu ernten und zu verarbeiten, denn nur die Schalen werden verwendet. Aber die Mühe lohnt sich! In Süßspeisen oder auch in pikant würzigen Gerichten mit Fleisch, besonders Wildgerichten, schmecken die orangen Fruchtbeeren einfach köstlich. Die Schalen lassen sich auch gut trocknen und für die Teezubereitung pur oder gemischt mit getrockneten Apfelstücken oder Malven verwenden.

Bewaffnen Sie sich mit Gartenhandschuhen (wegen der Stacheln), Gartenschere und Korb und machen Sie einen ausgedehnten Spaziergang! An Feld- und Wegrändern präsentieren sich die Hagebutten ab September in ihrer ganzen Pracht. Die Hagebutten hängen selbst nach Frostperioden noch leuchtend an den Zweigen und können auch weiterhin geerntet und verzehrt werden. In der Winterzeit freuen sich die Vögel auf jeden Fall über jede noch am Strauch hängende Beere.

Bei unseren Großeltern haben wir als Kinder immer Hagebutten gesammelt, die Kerne herausgelöst und versucht, uns diese gegenseitig unter T-Shirts oder Hemden zu stecken und dabei gleich noch auf der Haut zu verreiben. Denn die feinen Härchen an den Samenkörnern verursachen einen Juckreiz, was für denjenigen, den es erwischte, nicht sehr angenehm war. Trotzdem hat dieser Streich viel Spaß gemacht.

Hirschkalbsfilet mit Hagebutten-Kumquat-Sauce

Für 4 Personen
Zubereitungszeit: 30 Minuten

200 g Hagebutten
100 g Kumquats
1 Chilischote
4 Wacholderbeeren
250 ml Birnensaft
1 Sternanis
Salz
4 Stiele Salbei
4 Stiele Oregano
2 EL Butter
2 EL Olivenöl
4 Hirschkalbsmedaillons
 à 150 g

Die Hagebutten waschen, halbieren und die Kerne entfernen. Die Kumquats waschen, in feine Scheiben schneiden und dabei die Kerne entfernen. Die Chilischote in feine Ringe schneiden. Die Wacholderbeeren im Mörser grob zerstoßen.

Hagebutten, Kumquats, Chilischote, Wacholderbeeren, Birnensaft, Sternanis und Salz in einen Topf geben und 15 Minuten köcheln lassen.

Salbei und Oregano waschen und in einem Sieb abtropfen lassen oder mit einem Tuch trocken tupfen. Salbei- und Oreganoblätter von den Stielen zupfen. Butter und Olivenöl in einer Pfanne erhitzen und die Hirschmedaillons rundherum etwa 2 Minuten mit den Kräutern anbraten. Die Medaillons im vorgeheizten Ofen bei 160 Grad (Umluft 140 Grad) auf der mittleren Schiene etwa 8 Minuten braten.

Mit der Hagebutten-Kumquat-Sauce servieren. Dazu gebratene Schupfnudeln reichen (siehe folgendes Rezept).

Schupfnudeln

Für 4 Personen
Zubereitungszeit: 40 Minuten

500 g mehlig kochende
 Kartoffeln
1 Ei (Größe L)
Salz
Muskat
100 g Mehl
50 g Butterschmalz

Die Kartoffeln schälen und in leicht gesalzenem Wasser etwa 25 Minuten kochen. Die Kartoffeln abgießen und durch die Kartoffelpresse drücken. Abkühlen lassen. Ei, Salz und Muskat unterkneten. Das Mehl nach und nach hinzufügen und unterkneten.

Den Teig auf einer bemehlten Arbeitsfläche zu 2 Rollen formen. Die Rollen in 3 cm lange Stücke schneiden. Die Stücke zu fingerlangen Rollen formen.

Die Schupfnudeln in 2 Portionen in kochendes und gesalzenes Wasser gleiten lassen. 5 Minuten garen, bis die Schupfnudeln nach oben steigen.

Das Butterschmalz in einer beschichteten Pfanne erhitzen. Die Schupfnudeln mit einer Schöpfkelle aus dem Wasser heben, etwas abtropfen lassen und im Butterschmalz goldbraun braten.

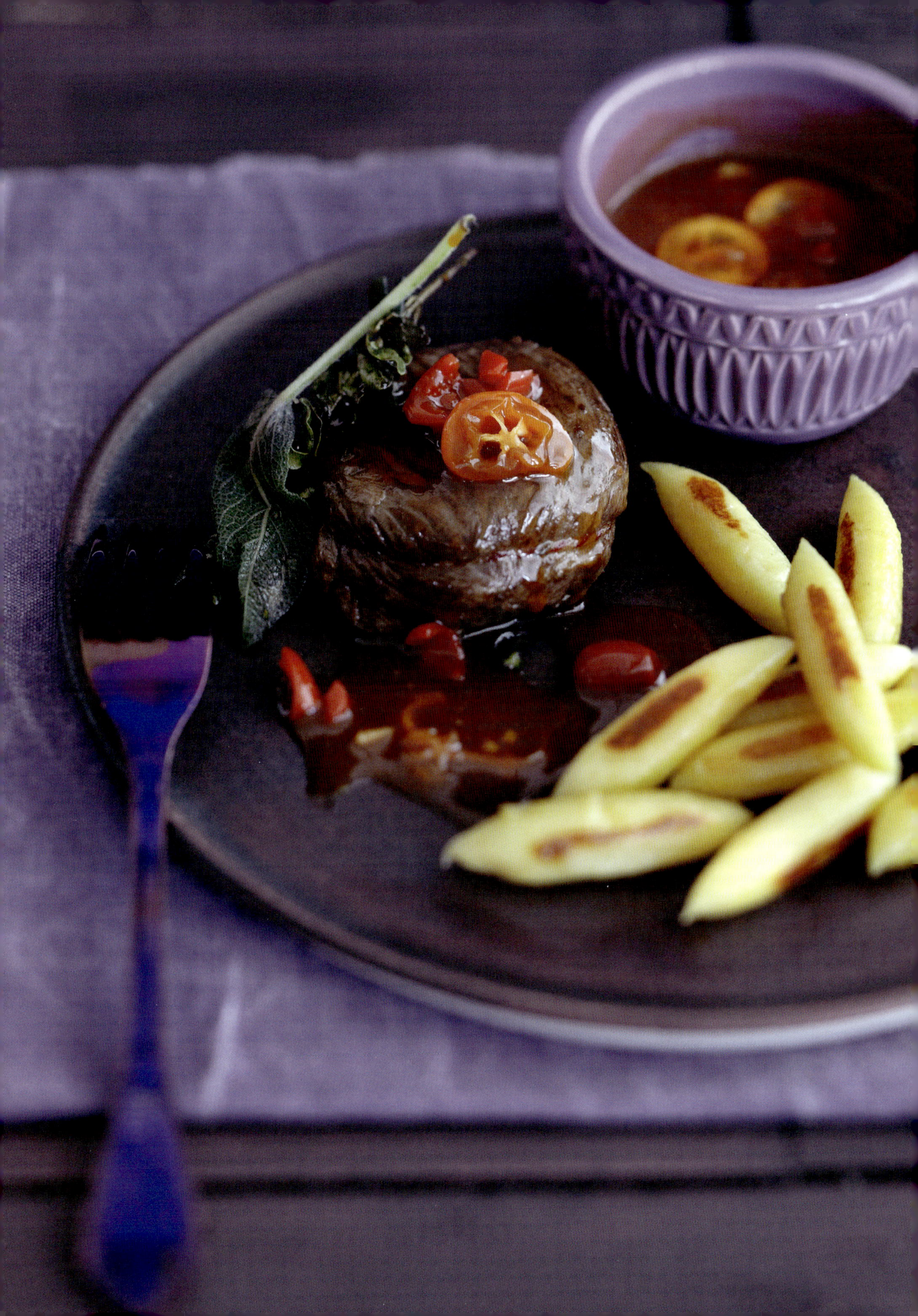

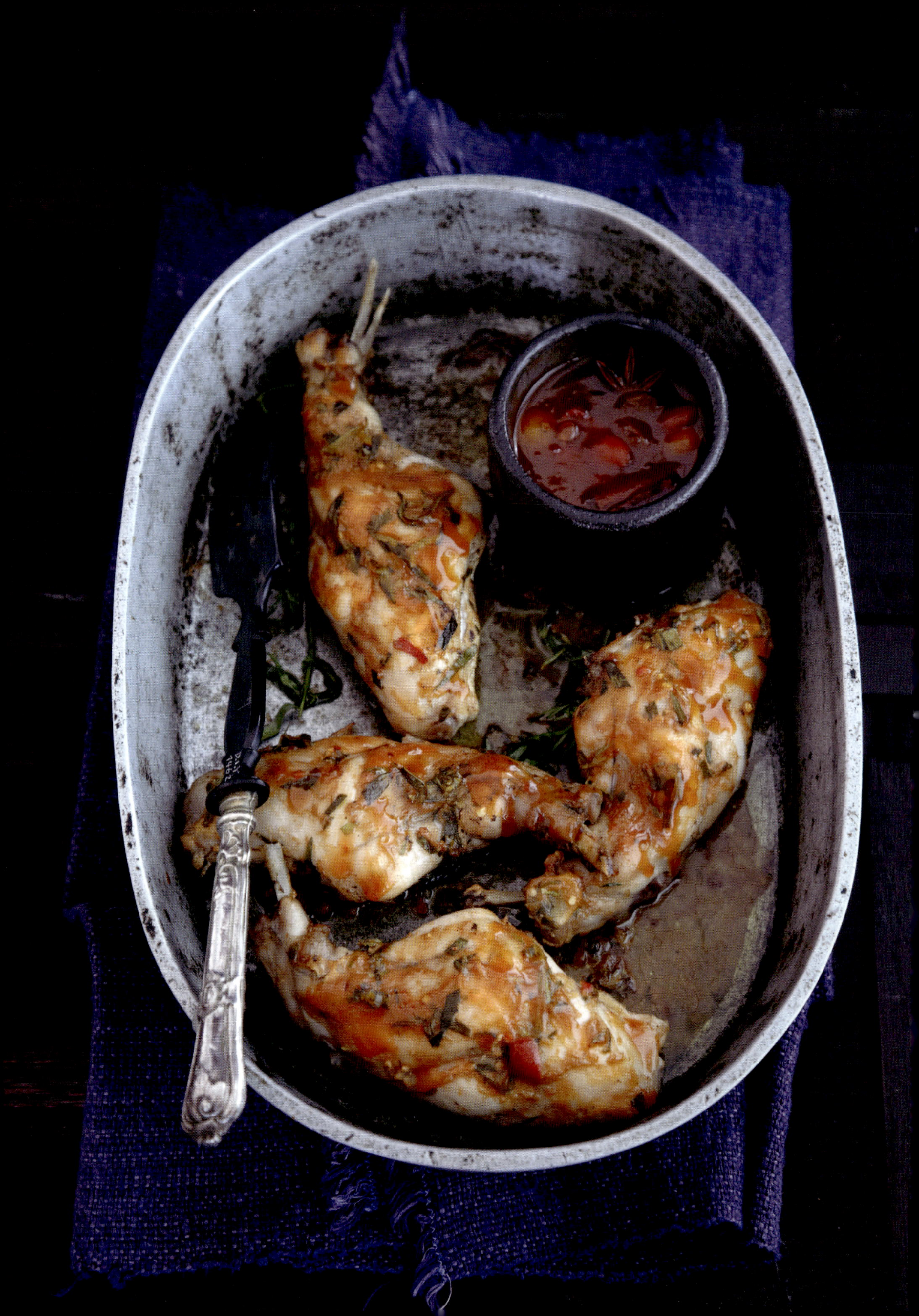

Geschmorte Kaninchenkeule mit Hagebuttensauce

Für 4 Personen
Zubereitungszeit: 45 Minuten
plus 40 Minuten Schmorzeit

250 g Hagebutten
1 Chilischote
1 Apfel
150 ml frisch gepresster Orangensaft
100 ml Sanddornsaft
Meersalz
1 Bund Estragon
4 EL Senf
4 Kaninchenkeulen
6 EL Olivenöl

Die Hagebutten waschen, halbieren und die Kerne entfernen. Die Chilischote längs aufschneiden, die Kerne entfernen und fein hacken. Den Apfel schälen, Kerngehäuse entfernen und die Äpfel fein würfeln. Hagebutten, Chili, Orangensaft, Sanddornsaft und Salz in einen Topf geben. Aufkochen und mindestens 10 Minuten köcheln lassen. Den Apfel hinzufügen und weitere 10 Minuten köcheln. 5 EL der Hagebuttensauce beiseitestellen und abkühlen lassen.

Den Estragon waschen und in einem Sieb abtropfen lassen oder mit einem Tuch trocken tupfen. Die Blätter von den Stielen zupfen und grob schneiden. Die beiseitegestellte Hagebuttensauce mit Estragon und Senf verrühren.

Die Kaninchenkeulen rundherum mit Salz einreiben. Das Olivenöl in einer Pfanne erhitzen und die Keulen rundherum anbraten. Die Keulen in eine große Auflaufform geben und rundherum mit der Hagebutten-Estragon-Sauce bestreichen. Im vorgeheizten Ofen bei 190 Grad (Umluft 170 Grad) etwa 40 Minuten schmoren.

Zu den Kaninchenkeulen die Hagebuttensauce servieren.

Zutaten

Für 6 Stück
Zubereitungszeit: 40 Minuten
plus 25 Minuten Backzeit

- 2 unbehandelte Limetten
- 3 Eier
- 150 g Puderzucker
- 150 g flüssige, abgekühlte Butter
- 150 g Ricotta
- 60 g Grieß
- 1 Päckchen Vanillepuddingpulver
- 50 g Mehl
- 2 TL Backpulver
- 200 g Hagebutten
- 2 große Orangen
- 30 g Ingwer
- ½ TL Zimt
- ½ TL Anis
- 150 ml Sahne (Rahm)
- 150 g Joghurt
- 2 Päckchen Bourbonvanillezucker

Zubereitung

Die Limetten waschen, abtrocknen und die Schale dünn abreiben. Den Saft auspressen. Eier, die Hälfte der Limettenschale und Puderzucker 4–5 Minuten mit dem Handrührgerät sehr schaumig rühren. Butter, Ricotta und Limettensaft unterrühren. Grieß, Vanillepuddingpulver, Mehl und Backpulver mischen und kurz unter die Masse rühren.

Die Ricottamasse in 6 eingefettete und mit Mehl bestäubte Auflaufformen (6 cm) füllen. Im vorgeheizten Ofen bei 175 Grad (Umluft 150 Grad) auf der mittleren Schiene etwa 25 Minuten backen.

Inzwischen für die Sauce die Hagebutten waschen, halbieren und die Kerne entfernen. Die Orangen auspressen. Den Ingwer schälen und fein reiben. Die Hagebutten mit Orangensaft, restlicher Limettenschale, Ingwer, Zimt und Anis in einen Topf geben und zugedeckt etwa 15 Minuten köcheln lassen. Die Sauce gut verrühren, falls sie zu flüssig ist, aufkochen und mit 1 TL angerührter Speisestärke binden. Die Sauce abkühlen lassen.

Den Ricotta 2–3 Minuten in den Formen ruhen lassen. Dann stürzen.

Die Sahne steif schlagen. Joghurt mit Vanillezucker verrühren. Die Sahne unterheben. Den Ricottaauflauf mit der Hagebuttensauce begießen und mit der Joghurtsahne servieren.

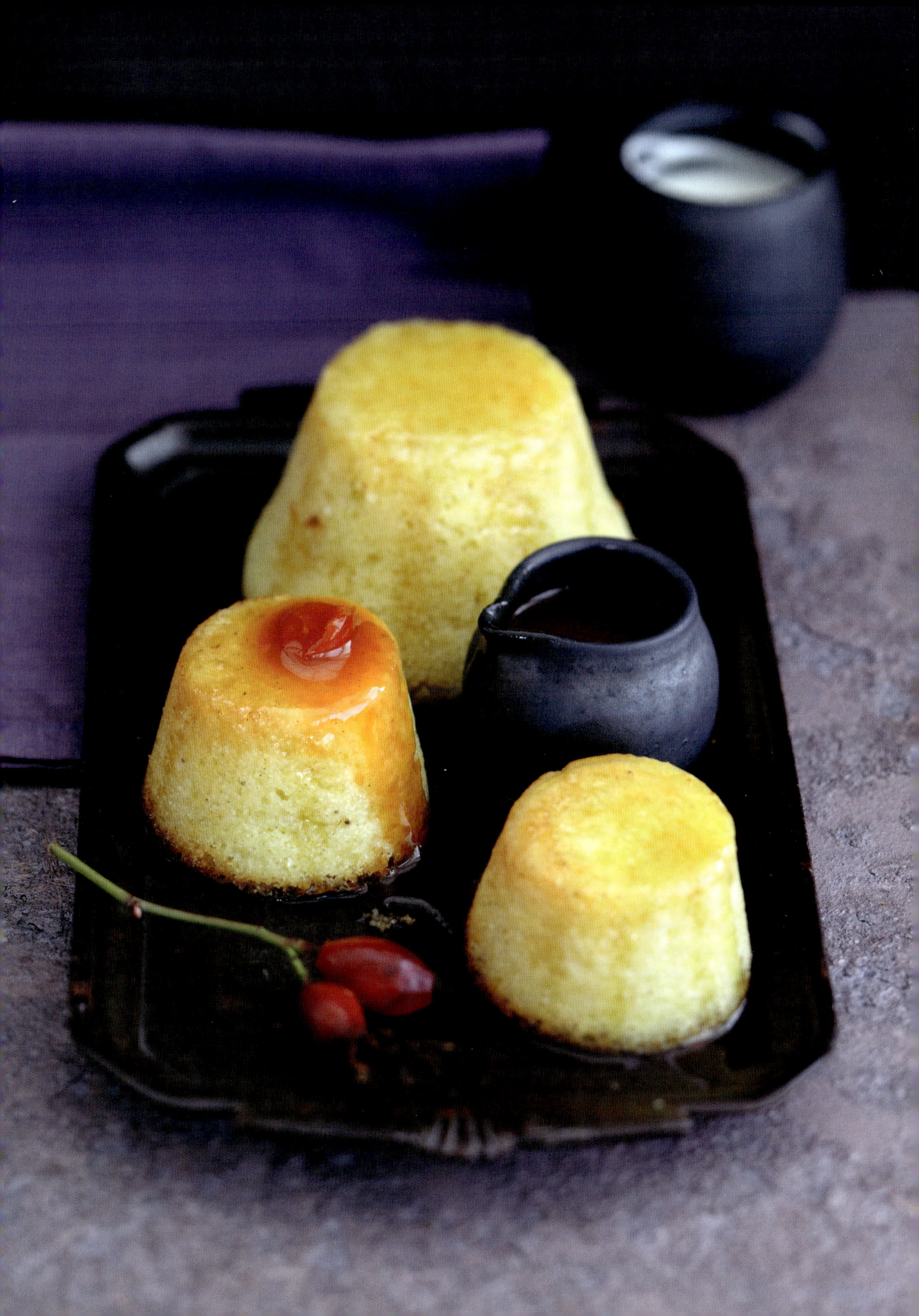

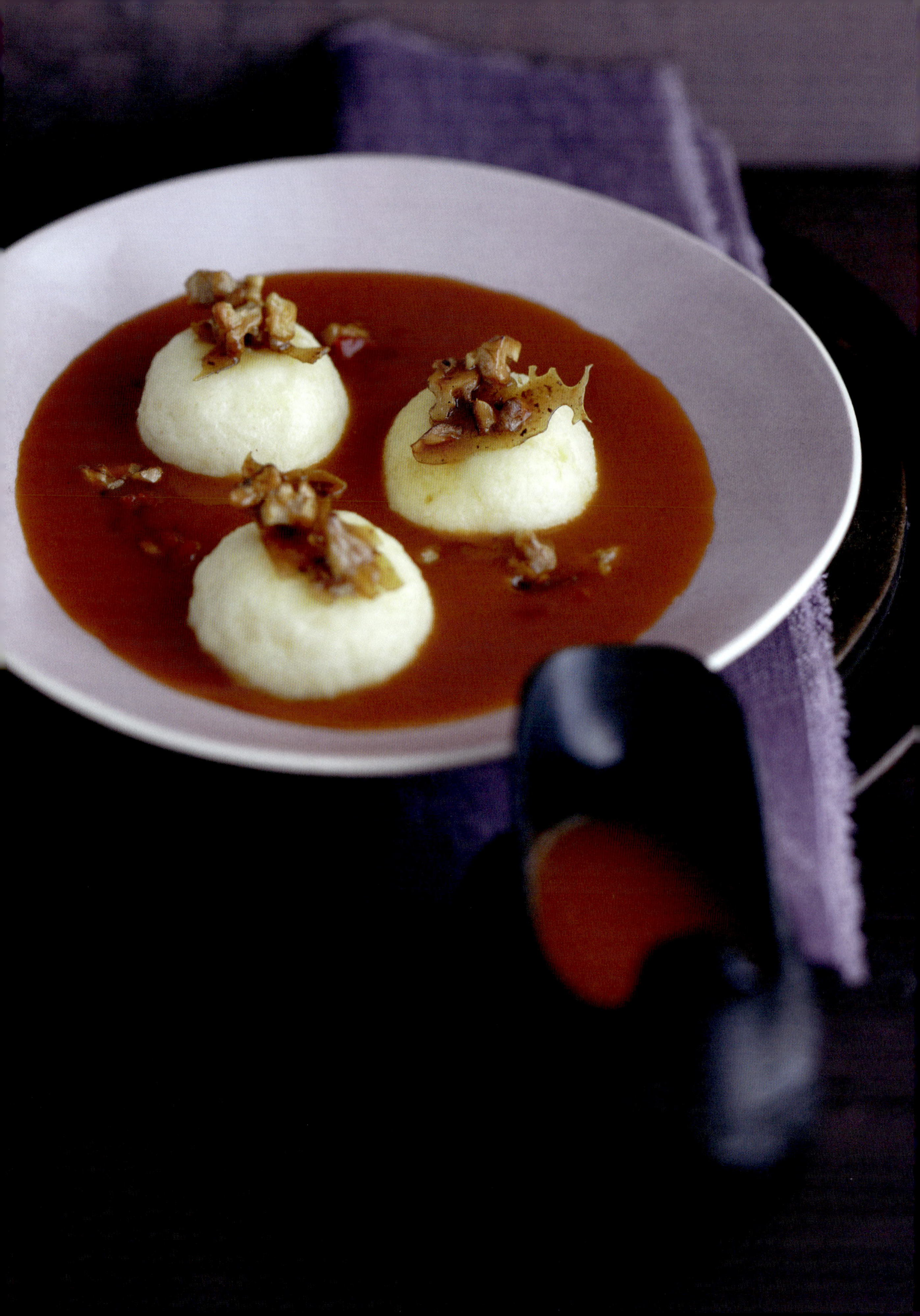

Hagebutten-Sanddorn-Suppe mit Grießklößchen

Für 4 Personen
Zubereitungszeit: 1 Stunde

250 g Hagebutten
2 Orangen
20 g Ingwer
500 ml Apfelsaft
200 ml gesüßter Sanddornsaft
1 Zimtstange
40 g brauner Zucker (am besten Muscovadozucker)
1 unbehandelte Zitrone
1 Vanilleschote
250 ml Milch
80 g Grieß
3 EL Zucker
2 TL Butter
60 g gehackte Walnüsse
250 g Magerquark
3 Eigelb

Die Hagebutten waschen, halbieren und die Kerne entfernen. Die Orangen auspressen. Den Ingwer schälen und fein hacken. Die Hagebutten mit Apfelsaft, Orangensaft, Sanddornsaft, Zimtstange und Zucker aufkochen und mindestens 20 Minuten köcheln lassen. Die Zimtstange entfernen. Die Suppe kurz grob pürieren. Abkühlen lassen.

Die Zitrone waschen, abtrocknen und die Schale dünn abreiben. Die Vanilleschote längs aufschlitzen und das Mark herauskratzen. Die Milch mit Zitronenschale, Vanillemark und Vanilleschote aufkochen. Den Grieß unter Rühren hinzufügen und 2 Minuten köcheln. Die Masse im kalten Wasserbad abkühlen lassen.

Zucker und Butter in einer Pfanne erhitzen, bis der Zucker karamellisiert. Die Walnüsse hinzufügen und kurz darin wenden. Die Masse auf ein Stück Backpapier geben, verstreichen und abkühlen lassen. Anschließend in Stücke brechen.

Quark und Eigelbe zur Grießmasse geben und verkneten. Aus der Masse 12 Klößchen formen. Die Klößchen in kochendes leicht gesalzenes Wasser geben und gar ziehen lassen, bis sie nach oben steigen. Mit einer Schöpfkelle herausnehmen.

Die Suppe auf Teller verteilen. Die Klöße in die Suppe geben und mit dem Walnusscrunch bestreut servieren.

Holunder

Dunkellila, fast schwarz hängen die vor Saft strotzenden Beeren am Holunder, dem magischen Baum. Seine Volksnamen lauten auch Elfenbaum, Holder oder Hollerbusch. Und es scheint, als stecke hinter jedem der Namen ein Geheimnis.

Aus lichten Blüten werden im Laufe des Sommers dunkle Beeren, und der alte Lebens- und Sippenbaum verspricht den Menschen, gut für sie zu sorgen. Denn draußen ist es kühler geworden, und es wird Zeit, sich für den Winter zu rüsten: Aus den wohlschmeckenden Beeren werden köstliche Gerichte gezaubert, die uns ganz nebenbei reichlich mit Vitaminen versorgen. Wohl dem, der einen Hollerbusch kennt ...

beeren

Noch sind die Blätter grün, doch das Wetter zeigt an, dass der Herbst langsam Einzug hält. Auch wenn es tagsüber noch oft warm und sonnig ist, sind die Nächte kühler geworden. Es ist September, die Erntezeit der saftigen Holunderbeeren beginnt. Dieses Vorhaben teile ich offensichtlich mit Amseln, Finken und Staren, die auch Gefallen an den Früchten des Holunderbaums gefunden haben. Wie gut, dass mein Lieblingsholunder inzwischen eine stattliche Größe hat. Ich überlasse den Vögeln einfach die Dolden in den luftigen Höhen, an die ich sowieso nicht herankomme. Außerdem verteilen die Vögel die Samen, die sich in den kleinen Beeren befinden, und tragen so zur Verbreitung des Baumes fernab von seinem ursprünglichen Standort bei.

Die Heilpflanze, die man bereits in der Antike kannte, die man verehrte und der Zauberkräfte zugesprochen wurden, findet man auch heute noch gern in der Nähe von Haus und Hof. Die Menschen machten sich die Heilkräfte des Holunders zunutze und verwendeten Blüten, Blätter, Rinde und Beeren. Heißer Saft, gewonnen aus den tief violetten Beeren, hilft bei Erkältungskrankheiten, die Beeren wirken immunstärkend und wehren Viren ab. Gesüßt mit Honig ist der Saft eine Köstlichkeit.

Wie kann man den Geschmack der Beeren beschreiben? Ein wenig herb, mit einer blumigen Frische. Erdig und doch süß-säuerlich geschmeidig. Auch wenn man von den rohen Beeren nicht allzu viele essen sollte, denn sie bekommen Magen und Darm nicht gut, lohnt es sich, eine frische Beere in den Mund zu stecken. So erfährt man, wie intensiv der Geschmack tatsächlich ist.

Ich suche mir die sonnigen Tage aus, um mit Ernteschale und Schere hinaus in die Natur zu ziehen und die Fliederbeeren, wie sie auch genannt werden, in meine Küche zu holen. Selbstverständlich gehört beim Pflücken der Beeren dazu, kurz innezuhalten, um die Hollerfrau zu begrüßen und um ihre Früchte zu bitten. Mit der Schere schneidet man jeweils die ganze Fruchtdolde ab und sortiert am besten gleich vor Ort die noch grünen oder nur zartvioletten Beeren ebenso wie die überreifen Beeren aus.

Die gemeinsame Ernte und Verarbeitung der Holunderbeeren mit Freundinnen erinnert mich an meine Großmutter, die jeden Herbst gemeinsam mit ihrer Freundin in unserer Waschküche stand. Die Spezialität der beiden war Pflaumenmus, das in einem mit Holz befeuerten Kupferkessel ständig gerührt werden musste – einen lieben langen Tag lang. Jede war mal dran, den langen Rührlöffel aus Holz zu schwingen. Mit seinem kurzen hölzernen Querbalken am Ende sah er allerdings mehr wie eine Sense aus. Nicht eine Sekunde durfte mit dem Rühren aufgehört werden, sonst wäre der Fruchtbrei womöglich angebrannt und alle Mühe umsonst gewesen. Doch bei all der Arbeit hatten die zwei Frauen schöne Gespräche und Freude am Miteinander und konnten ihren Familien schließlich eine besondere Köstlichkeit servieren.

Lassen Sie die Holunderbeere in Ihr Leben kullern! Ob Sie nun allein oder zu mehreren ernten oder Ihre Freunde am Ende zum Essen einladen – die Holunderbeere ist eine Versuchung wert. Sie schmeckt vorzüglich in herzhaften Gerichten und gibt den süßen Naschereien eine außergewöhnliche Note. Ich gebe es zu: Ganz besonders bin ich dem Holunderbeer-Milchreis verfallen.

Schweinefilet mit Holunderbeersauce

Für 4 Personen
Zubereitungszeit: 30 Minuten

600 g Schweinefilet
5 Stiele Rosmarin
6 Stiele Oregano
1 rote Zwiebel
1 reife Birne
50 g Butter
1 EL Mehl
150 ml Holundersaft
150 ml Rotwein
Salz
Chiliflocken
½ TL Zimt
1 EL Tomatenmark
1 gehäufter TL brauner Zucker
Pfeffer
120 g Frühstücksspeck in Scheiben
2 EL Öl

Das Schweinefilet in 4 Portionen schneiden. Rosmarin und Oregano waschen und in einem Sieb abtropfen lassen oder mit einem Tuch trocken tupfen. Rosmarinnadeln und Oreganoblätter von den Stielen zupfen. Je 1 EL Rosmarin und Oregano hacken. Die Zwiebel schälen und fein würfeln. Die Birne schälen, vierteln, das Kerngehäuse entfernen und die Birnenviertel in feine Spalten schneiden.

30 g weiche Butter mit Mehl verkneten. Die restliche Butter erhitzen, die Zwiebel darin glasig dünsten. Die Birnenspalten und die gehackten Kräuter kurz mitdünsten. Mit Holundersaft und Rotwein ablöschen. Mit Salz, Chiliflocken, Zimt, Tomatenmark und Zucker würzen. Etwa 5 Minuten köcheln lassen. Den Sud mit der Mehlbutter unter Rühren binden. 3–4 Minuten weiterköcheln. Die Sauce warm halten.

Das Schweinefilet mit Salz und Pfeffer rundherum würzen. Mit Kräutern bestreuen und mit Speckscheiben umwickeln. Das Öl in einer Pfanne erhitzen. Das Fleisch darin rundherum anbraten. Bei geringer Hitze unter Wenden 6–8 Minuten schmoren. Mit der Sauce servieren.

Tipp:
Zu diesem Gericht passen Kartoffelklößchen. Diese nach Packungsanweisung zubereiten und abgießen. In 50 g Butter, 4 TL Mohnsamen und 20 g fein geriebenem Ingwer schwenken.

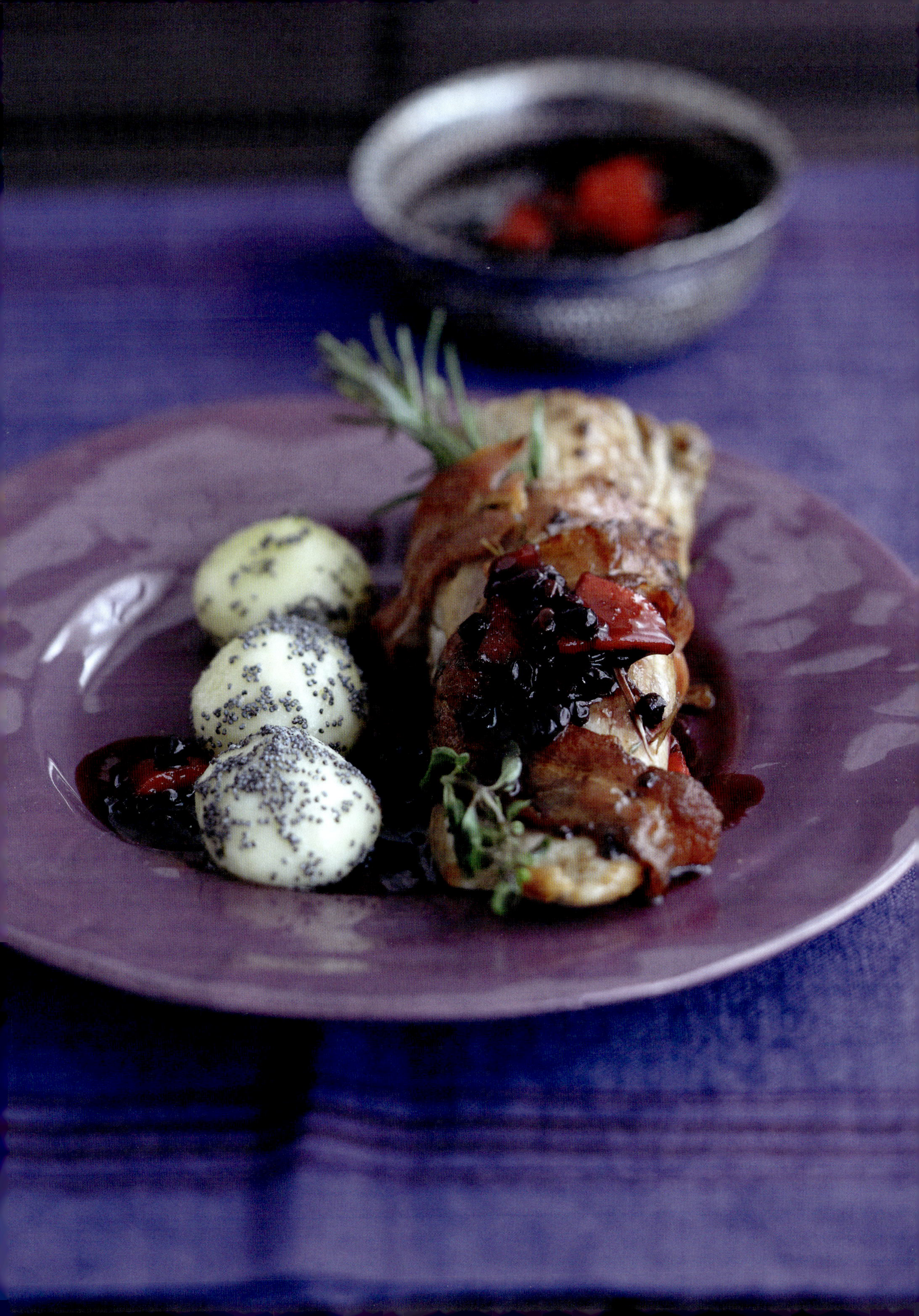

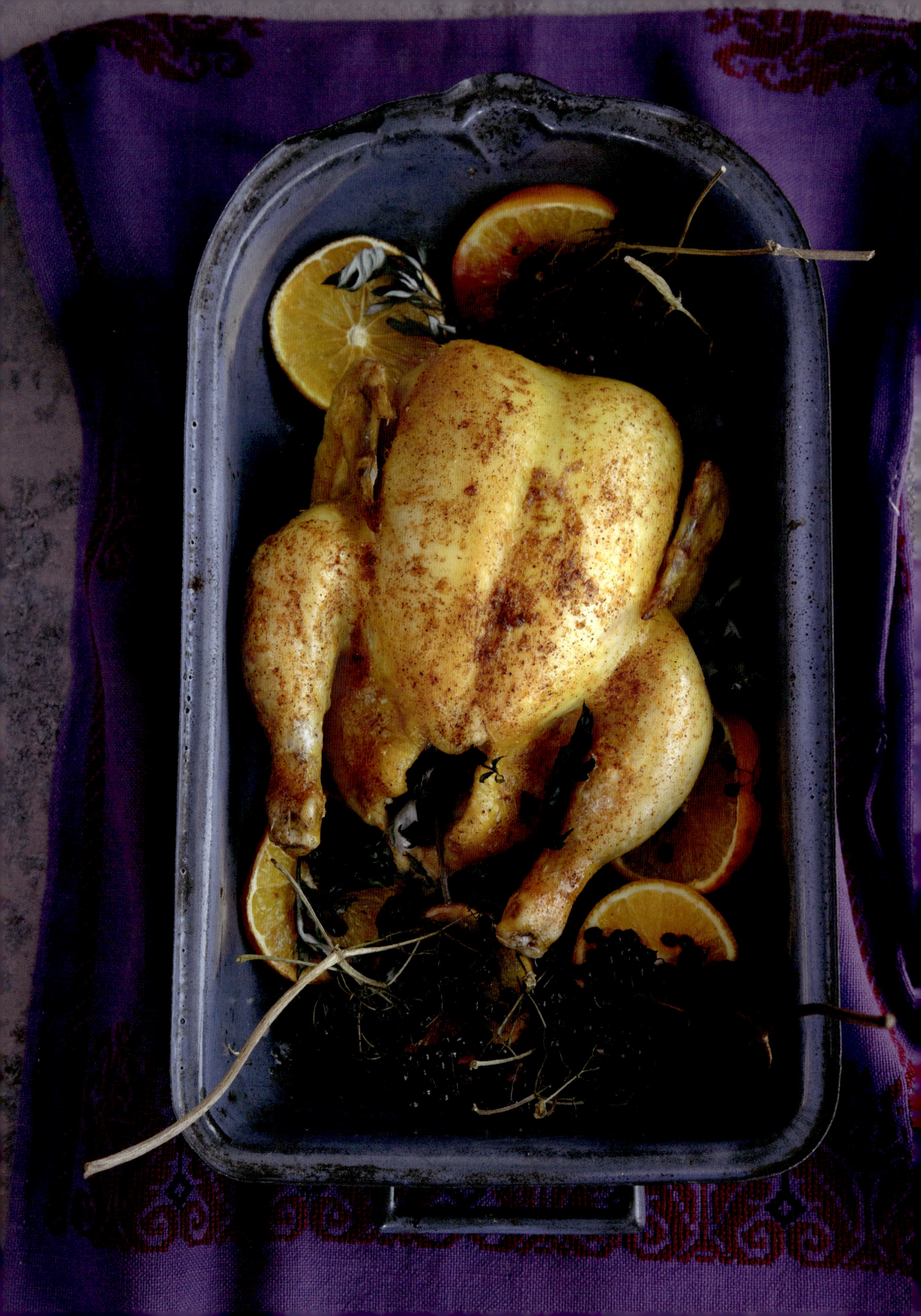

Holunder-Orangen-Brathuhn

Für 4 Personen
Zubereitung: 25 Minuten plus
1 Stunde Bratzeit

1 Maispoularde von 1,2–1,5 kg
4 Stiele Dost (Oregano)
6 Stiele Beifuß
5 Holunderbeerdolden
3 unbehandelte Orangen
Meersalz
3 EL brauner Zucker (am besten Muscovadozucker)
80 g Butter
3 Schalotten
150 ml Holunderbeersaft
150 ml Portwein
Pfeffer aus der Mühle
1 EL Mehl

Die Poularde waschen und mit Küchenpapier trocken tupfen. Dost und Beifuß waschen und in einem Sieb abtropfen lassen oder mit einem Tuch trocken tupfen. Die Holunderbeeren waschen, Stiele etwas abschneiden. Die Orangen waschen und abtrocknen. 2 Orangen in Scheiben schneiden. Von 1 Orange die Schale dünn abreiben und den Saft auspressen.

Die Poularde innen und außen mit Salz einreiben. Mit 2 Holunderbeerdolden, 3 Orangenscheiben, 1 Stiel Beifuß und 2 Stielen Dost füllen. Restliche Holunderbeerdolden, 2 Stiele Dost, restlichen Beifuß und Orangenscheiben in einen Bräter geben. Mit 2 EL Zucker bestreuen und die Poularde darauflegen.

40 g Butter schmelzen. Die Poularde damit bestreichen. Im vorgeheizten Ofen bei 180 Grad (Umluft 160 Grad) auf der mittleren Schiene 60–70 Minuten schmoren.

Die Schalotten schälen und fein würfeln. 30 g Butter in einen Topf geben. Die Schalotten darin glasig dünsten. Mit Holunderbeersaft, Orangensaft und Portwein ablöschen. 1 TL abgeriebene Orangenschale, restlichen Zucker, Dostblätter, Salz und Pfeffer hinzufügen.

Den Sud aufkochen und etwas reduzieren lassen. Die restliche Butter mit Mehl verkneten. Die Mehlbutter unter Rühren nach und nach zum Sud geben. Die Sauce 2 Minuten weiterköcheln und abschmecken. Die Poularde mit der Sauce servieren.
Dazu schmecken Schupfnudeln (siehe Seite 164).

Holunderbeer-Milchreis

Für 4 Personen
Zubereitungszeit: 40 Minuten

700 ml Milch
1 Vanilleschote
10 EL Zucker
160 g Milchreis
3 Holunderbeerendolden
250 ml Holunderbeersaft
150 ml Rotwein
250 ml Apfelsaft
1 TL Anis
1 Zimtstange
2 gestrichene TL Speisestärke
1 reife Mango
150 ml Sahne (Rahm)

Die Milch in einen Topf geben. Die Vanilleschote längs aufschlitzen und das Mark herauskratzen. Vanillemark und -schote in die Milch geben. 2 EL Zucker hinzufügen und aufkochen. Den Milchreis unterrühren und auf kleiner Hitze 20–25 Minuten garen, dabei immer wieder umrühren.

Inzwischen die Holunderbeeren waschen und abtropfen lassen. Die Beeren von den Stielen zupfen. Holunderbeeren, Holunderbeersaft, Rotwein, Apfelsaft, Anis, Zimtstange und restlichen Zucker in einen Topf geben. Zugedeckt 8–10 Minuten dünsten. Die Speisestärke mit kaltem Wasser verrühren. Unter Rühren zum Holundersud geben. Abkühlen lassen.

Die Mango schälen, den Stein entfernen und das Fruchtfleisch in kleine Spalten schneiden.

Die Sahne steif schlagen und unter den Milchreis heben. Den Milchreis mit der Holunderbeersauce und den Mangospalten auf Tellern anrichten und servieren.

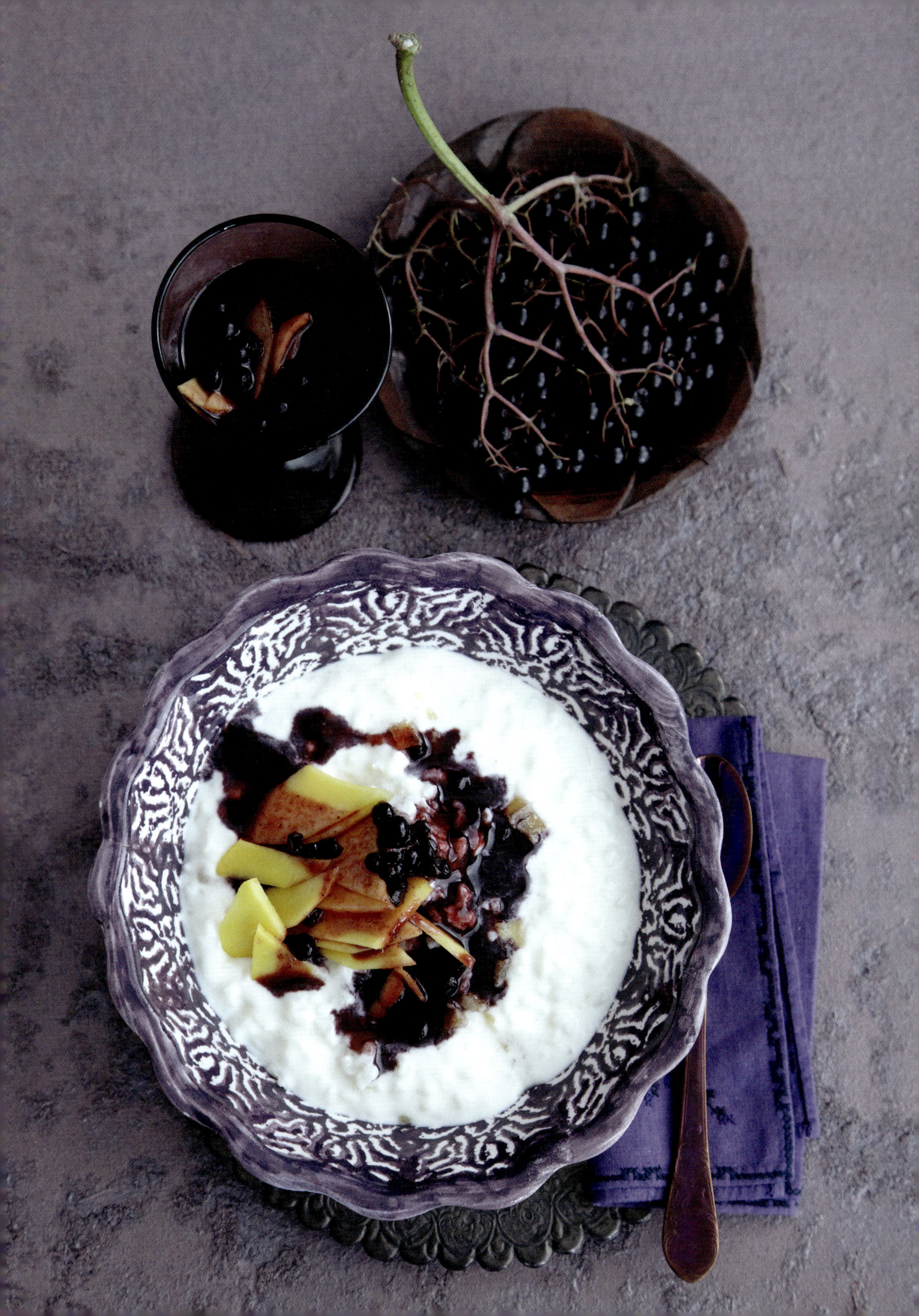

Adressen

Ausbildungen in Deutschland:

Freiburger Heilpflanzenschule
Ursel Bühring
Zechenweg 6, 79111 Freiburg im Breisgau
0761-55 65 59 05
www.heilpflanzenschule.de

Heilpflanzenschule Verden
Margitta Paprotka-Kühne
Schafwinkeler Dorfstraße 1, 27308 Kirchlinteln
04237-94 22 82
www.heilpflanzenschule-verden.de

Daniela Wolff
Jürgensallee 4, 22609 Hamburg
04461-743 28 78
www.beifussfrau.de
(Ausbildung und Kräuterwanderungen)

Ausbildungen in Österreich:

Heilpflanzenschule Bella Donna
Hilla Hatzfeld
Dorfplatz 1, 3680 Hofamt Priel
0043 (0)7412-529 22
www.heilpflanzenschule-bedo.com

Ausbildungen in der Schweiz

Kräuterakademie
Bildung Landwirtschaft bzb Rheinhof
9465 Salez
0041 (0)58 228 24 00
www.kraeuterakademie.ch

Adressen für Kräuterwanderungen in Ihrer Nähe in Deutschland, Österreich und der Schweiz finden Sie unter: www.essbare-wildpflanzen.de/essbare-wildpflanzen-0.html

Rezeptverzeichnis

Aprikosen-Lassi *118*
Bärlauchbrioche mit Limettenfrischkäse *37*
Bärlauch-Kalbs-Röllchen, geschmort,
  mit Schmandkartoffeln *38*
Bärlauch-Kartoffel-Klöße *29*
Bärlauchkefir *26*
Bärlauch-Quark-Puffer *33*
Bärlauch-Spargel-Pizza *30*
Bärlauch-Zanderfilet, gebraten,
  mit Frühlingsgemüse *34*
Beinwellröllchen, gefüllt,
  mit Wildkräuter-Tomaten *111*
Brennnesselbrot *65*
Brennnessel-Frittata *61*
Brennnessel-Gnocchi *62*
Brennnesselspinat mit Lammhack-
  Zitronengras-Spießen *58*
Brennnessel-Süßkartoffel-Suppe *57*
Brunnenkresse-Aïoli mit Kartoffelspalten *72*
Brunnenkresse-Drink *66*
Brunnenkresse-Involtini *70*
Brunnenkressesalat mit Erdbeeren *69*
Erdbeer-Rhabarber-Kompott
  mit Waldmeister-Schaumsauce *97*
Erdbeer-Waldmeister-Salat *90*
Gierschnocken *51*
Gierschnudeln *48*
Gierschpesto *115*
Grüner Spargel, gebraten, mit Gierschpesto *115*
Hagebutten-Kumquat-Sauce *164*
Hagebutten-Sanddorn-Suppe
  mit Grießklößchen *171*
Hagebuttensauce *167*
Hirschkalbsfilet mit Hagebutten-Kumquat-
  Sauce *164*
Holunderbeer-Milchreis *180*
Holunderbeersauce *176*
Holunderblüten-Erdbeer-Gelee *138*
Holunderblüten-Orangen-Gelee *140*
Holunderblütensirup *141*

Holunder-Buttermilch-Brot *142*
Holunder-Orangen-Brathuhn *179*
Holunder-Quark-Torte *145*
Kaninchenkeule, geschmort, mit Hagebutten-
  sauce *167*
Kartoffelstampf mit Löwenzahn-
  Zwiebelringen und Putenspieß *81*
Lachstatar mit Wildkräutern *47*
Lammhack-Zitronengras-Spieße
  mit Brennnesselspinat *58*
Löwenzahn-Brot-Salat *77*
Löwenzahn-Linsen-Salat *78*
Löwenzahnsalat mit gebratenen Äpfeln *74*
Löwenzahnschnecken *82*
Löwenzahn-Zwiebelringe *81*
Meldetörtchen *154*
Nektarinen-Kräuter-Crostini *108*
Ricottaauflauf mit Hagebuttensauce *168*
Rosenblütenrisotto mit Wildkräutern *116*
Rosenblütensirup *124*
Rosen-Chili-Essig *128*
Rosenchutney *131*
Rosenlikör *127*
Rosenpuffer *132*
Schupfnudeln mit Erdbeer-Waldmeister-Salat *90*
Schweinefilet mit Holunderbeersauce *176*
Waldheidelbeer-Palatschinken *156*
Waldheidelbeerparfait *158*
Waldheidelbeersalat mit Hähnchenbrust *150*
Waldheidelbeer-Schafskäse-Auflauf *153*
Waldmeister-Birnen-Granité *98*
Waldmeister-Mandel-Kuchen *93*
Waldmeister-Rhabarber-Joghurt-Parfait *100*
Waldmeister-Schaumsauce *97*
Waldmeistersirup *89*
Waldmeister-Mascarpone-Eis *94*
Wildkräuterflan, zarter *44*
Wildkräuter-Kartoffel-Suppe, kalt, mit Coppa *107*
Wildkräuter-Tomaten *111*
Wildkräuter-Tramezzini *112*